政协委员读书笔记

话里画外
民法典

◆

吕忠梅｜著

法律出版社

—— 北京 ——

图书在版编目（CIP）数据

话里画外民法典 / 吕忠梅著. -- 北京：法律出版社，2023（2024.12重印）
ISBN 978-7-5197-7169-0

Ⅰ. ①话… Ⅱ. ①吕… Ⅲ. ①民法－法典－中国－普及读物 Ⅳ. ①D923.04

中国版本图书馆CIP数据核字（2022）第186634号

话里画外民法典
HUALI HUAWAI MINFADIAN

作　　者：吕忠梅
插　　画：李　帆
责任编辑：吴　昉　蒋潆莹
装帧设计：贾丹丹
出版发行：法律出版社
编辑统筹：法律教育出版分社
责任校对：晁明慧
责任印制：刘晓伟
经　　销：新华书店
开　　本：787毫米×1092毫米　1/32
印　　张：9.375
字　　数：139千
版　　本：2023年1月第1版
印　　次：2024年12月第5次印刷
印　　刷：天津嘉恒印务有限公司
书　　号：ISBN 978-7-5197-7169-0
定　　价：52.00元

销售电话：010-83938349　客服电话：010-83938350　咨询电话：010-63939796
地　　址：北京市丰台区莲花池西里7号(100073)
网　　址：www.lawpress.com.cn
投稿邮箱：info@lawpress.com.cn
举报盗版邮箱：jbwq@lawpress.com.cn
凡购买本社图书，如有印装错误，我社负责退换。电话：010-83938349

作者简介

吕忠梅

法学博士；现任第十四届全国人大常委会委员，全国人大环境与资源保护委员会副主任委员；中国法学会副会长，中国法学会环境资源法学研究会会长；曾任十三届全国政协常委，十三届全国政协社会和法制委员会驻会副主任。先后荣获湖北省有突出贡献的青年专家、司法部优秀教师、国务院有突出贡献的青年专家、第三届全国十大杰出中青年法学家、中国法学名家、中国法治人物等称号，国家“万人计划”哲学社会科学领军人才。

生活就是法律（代序）

2020年5月，《中华人民共和国民法典》（以下简称《民法典》）正式颁布。7月，全国政协社会和法制委员会（以下简称社法委）牵头组建"学习《民法典》"委员读书群，在政协委员中开展为期半年的"读典"活动；同时，用一年时间，把政协委员的"读典"成果，转化为面向社会公众的普法成果，为学好、用好《民法典》贡献政协力量。

全国政协委员都是读书高手，来自34个界别、专业背景与工作领域差异巨大的2000多名政协委员，如何才能一起"读典"，却是新课题。《民法典》被誉为社会生活的"百科全书"，但是，当非法律专业人士面对一部条文数过千的法律、超过条文篇幅近十倍的立法机关释义、600多万字的司法机关条文理解与适用时，如何"解法"，也是新难题。

我作为社法委读书活动的牵头负责人，从事过多年法学教育与司法工作，还因为自己的专业背景参与了《民法典》编纂。在组织委员“读典”时，我也在思考，能够做点什么，才能把《民法典》条文背后所蕴含的法律精神、法律逻辑说清楚，既让人懂得法律就是生活，也让人理解生活处处有法律，促进形成知法、崇法、守法、用法的自觉；展现委员学法释法的生活性、实用性、易读性和普适性，体现不同于立法机关法律释义、司法机关法律适用的特点。

基于此，有了这些以“说法明理”形式出现的小文章，并且基本按照《民法典》的体例结构展开，说明《民法典》就是对人们在日常生活中反复使用而形成的“规则”的认可。

生活的哲学就是法律。“法律上的人”是具有法律主体资格、过有尊严生活的人。《民法典》中人格权独立成编，更体现了对“人”“人权”的哲学思考。

生活的智慧就是法律。“天地有节，四时有序”是中华优秀传统文化中的生活智慧。《民法典》专门规定“绿色原则”，要求我们对自然“取之有度”“用之有节”。

生活的伦常就是法律。“老吾老以及人之老，幼吾幼以及人之幼”是中国千年生活传统。《民法典》建立系统性监护制度，让无人抚养的幼儿和老弱病残免受冻饿之苦。

生活的道理就是法律。“权利不得滥用”，不能因为行使自己的权利而侵犯他人权利。《民法典》界定个人权利范围、建立“诚实信用”“公序良俗”原则，保障权利享有。

生活的安定就是法律。邻里和睦、家庭和谐，人们才幸福，社会才稳定。《民法典》规定财产关系、婚姻家庭关系，让人们更懂互助互利之道。

生活的逻辑就是法律。网络是社会生活的延展，互联网不是法外之地。《民法典》明确保护网络财产权、保护个人信息，令我们不再担心网络侵权者逍遥法外。

生活的约定就是法律。交易活动中自愿达成的协议，是当事人之间的“宪法”。《民法典》明确意思自治原则下的合同成立、生效和履行，告诉人们守约才能获利。

……

“生活就是法律”，《民法典》就这样给我们呈现了当代社会生活的各种场景，以理性方式讲述我们司空见惯的故事，守护人民的安宁，激发社会的活力。

这些小文章在政协委员群里引发良好反响，由人民政协网开辟“委员说法”栏目，以全媒体方式面向社会每周推送 1 篇，最高日浏览量超过 20 万。

委员和社会的反馈，令我深受鼓舞，萌生了将这些小文章集结出版的念头。非常感谢阎晓宏委员，建议我采用书画结合的方式出版，并帮助我联系了中央美术学院版画系的李帆教授，请他为这组文章创作插画。

至今还记得与李帆教授的初次见面。李教授听完阎晓宏委员的建议和我对这组文章的介绍后，非常兴奋地表示愿意合作，只是需要一些时间，“消化”内容后再开始创作。李教授带走书稿时，我有些忐忑，画家能从中获得激发创作的灵感吗？

几个月后，我看到插画初稿，欣喜万分。李教授的理解与表达，不仅极大地丰富了文章的内涵，而且引发了许多延伸性思考。艺术的魅力令人神往……

呈现在读者面前的，是以“民法”为料、以法学与美术为魂、以“说”与“画”为形，由我和李帆教授共同烘焙的一块“法律蛋糕”。作为一种新的法治“食品”，愿大家喜欢它！

生活就是法律，法律就是生活！

吕忠梅

2022 年 11 月 16 日

于太平桥大街 4 号院

目 录

谈谈“法”“律”“法律”

中文里的“法”“律”“法律”

中文的“法”字，来源于“灋”。许慎《说文解字》解释道：“灋，刑也，平之如水，从水；廌，所以触不直者去之，从去。”“灋”字由“水”、“廌”（zhì）、“去”三部分构成。水，喻指执法要公平公正，不偏不倚，要像水一样平。廌，独角兽，中国古代传说中一种能“别曲直”的神兽。在原始时代，“廌”是人们裁断是非曲直的工具。争议当事人谁被其触，谁就是败诉者，就是应当受到制裁的“不直者”。去，其本义为出走、了解、离开，后引申为去除、驱除等惩罚的意义。古代“法”字的创制，充分体现了中华民族早期的法律意识，蕴含古代圣贤对法的认知与期待，即在法律面前要人人平等，执法一定要“平”“直”“正”。

在古代，“法”“律”“刑”三字通用。古代文献中，称法为刑，如夏之禹刑、商之汤刑、周之吕刑等。李悝集诸国刑典，造《法经》六篇，改刑为法。商鞅变法，又改“法”为“律”。《唐律疏义》更明确指出：“法亦律也，故谓之为律。”许慎解释：“律，均布也。”“均布”是古代调音律的工具，把律解释为均布，说明律有规范人们行为的作用，是普遍的、人人遵守的规范。至于把“法”和“律”连用，作为独立合成词——“法律”，是近现代以来的用法。清末民初以后，“法”与“法律”经常并用。

西文中的“法”与“法律”

在西文中，除英语中的 law 同汉语中的“法律”对应外，欧洲大陆的各民族语言中都用两个词把“法”和“法律”分别加以表达。比如拉丁文的 *jus* 和 *lex*，法文中的 droit 和 loi，德文中的 Recht 和 Gesetz，意大利语中的 diriirro 和 legge，西班牙语中的 derecho 和 ley，等等。

西文中的“法”除有“法”的含义外，还兼有“权利”“公平”“正义”或“规律”“法则”等内涵；“法律”则主要被理解为人们依主观意志和认识而制定和颁布的具体行为规则。

在西方法文化传统中，将“法”与“法律”进行明确区分。“法”是指永恒的、普遍有效的正义原则和道德公理；“法律”则指由国家机关制定和颁布的具体法律规则，法律是法的真实或虚假的表现形式。

法学家们认为：从人的本性、社会的本性甚至物的本性中，可演绎出某些法则，这些法则可供给一个对人类的行为举止适切的规定。人生于自然，人的权利也来自自然。因此，“法”与“法律”关系可以理解如下：

“法”在本质上是一种客观规律，立法者所制定的“法律”必须以客观规律为基础，反映这种源于宇宙、自然、事物以及人的本性的“理性”。

“法”来源于永恒不变的本性、自然性、社会性、理性。好的“法律”应当与之相符合，特别是与理性相符合，或以理性为基础，永恒不变，并具有普遍的适用性。

“法”的功能和目的在于实现公意和正义，“法律”及其观念应当与人们的价值观念、道德观念相一致，体现人类的正义和公意。

正是在这种“自然法”思想的影响下，才有“恶法非法”的说法。

“你”是谁？

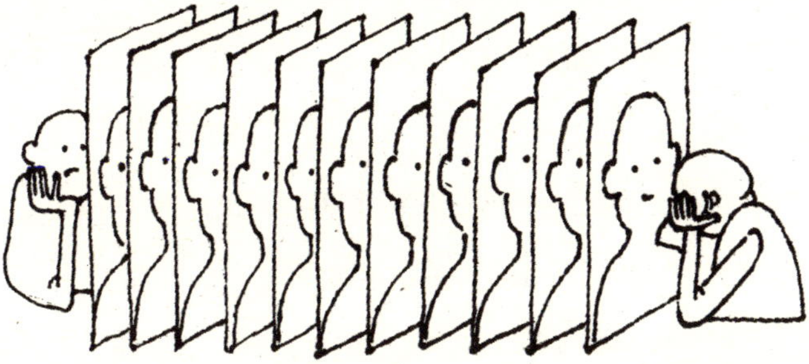

在互联网发达的今天，我们都有了一个共同的名称——“网民”。但要知道在这个名称背后的“你”是谁，却并不容易。“你”也许是一个亿万富翁，也可能是一个穷学生；“你”也许每天匆忙奔波于上海的外滩，也可能徘徊在北京、内蒙古、西安或者哈尔滨、长沙、武汉的任何一个角落。那么，“你”到底是谁？“你”在哪里？

“网民”不过是当今社会中穿上了“马甲”的“你”，“你”在法律上是个什么样的人呢？

《民法典》总则编用了一章规定“自然人”，对民法上的人的权利能力、行为能力等作出了规定，让我们知道了“法律是成年人的游戏规则”。其实，在整个《民法典》的条文背后，都贯穿着对“你是谁”的基本判断。

在大多数情况下，《民法典》假定你是一个“坏人”。它认为“你”自私自利，会为追求自己的利益不顾他人利益，并且有“搭便车”、占便宜的习惯。因此，为了不让“你”做坏事或者让“你”做不成坏事，就有了各种法律制度。比如，“你”经常会为追求个人利益背信弃义，所以规定了“诚实信用”“公序良俗”等原则；“你”会出尔反尔、不守承诺，所以规定各种交易都必须签订合同，如果出现问题，合同就是最好的证明；“你”会损人利己、侵占他人利益，所以规定损害必须赔偿，“你”不仅得不到侵害他人所获得的利益，而且还要拿出自己的利益加以补偿……因此，有人说，法律是一套对付“坏人”的规则制度。

正是因为法律是禁止“你”做坏事的规则，它可以让“你”变成“好人”。如果“你”背信弃义，就会遭到法律的惩罚；“你”违反合同，就要承担违约责任；“你”损人利己，就要赔偿损害；等等。既然如此，“你”自然会选择不背信弃义，不违反合同，不损人利己。结果是“你”弃恶从善，变成了好人。这样的法律催人向善。

如果法律把“你”看作好人，“你”绝对不会背信弃义，规定诚实信用也就没有了意义；“你”也不会出尔反尔，签订合同就成了笑话；“你”更不会损人利己，损害赔偿也就不需要了。换句话说，好人不需要法律，法律是对好人的不敬。

另外，因为好人不会做坏事，也用不着法律规则，反而会因为人的行为没有规范带来社会混乱。如果“你”背信弃义不会受到惩罚，违反合同不用承担违约责任，损人利己不需损害赔偿，“你”何不选择背信弃义、违反合同、损人利己呢？结果是鼓励“你”弃善从恶，真的变成了坏人。古人说，“圣人不死，大盗不止”，就是这个道理。

法律对人的这样一个假定，是对于社会生活的一种深刻认识。这也告诉我们，“害人之心不可有，防人之心不可无”。在日常交往中，要区分善恶。在经济活动中，要“先小人后君子”，而不是“先君子后小人”。因为在社会中，有坏人，会做坏事，我们必须提高警惕，防止上当受骗，让自己遭受不必要的损失。这是法律的态度，也是我们对待生活的态度。

当然，《民法典》关于人性的假设，并不单一，既有“坏人条款”，也有“好人条款”，但会以“人性恶”为基本判断。

法律是成年人的“游戏规则”

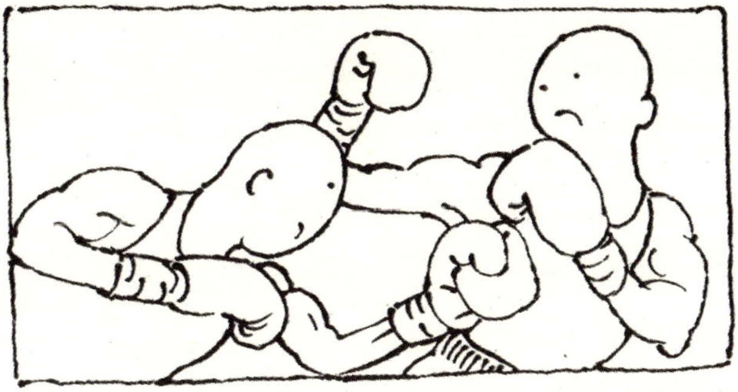

我们都经过童年、少年时期而长大成人。现在，有一些家庭、地方十分注重为孩子举行成年礼，以隆重的方式告诉孩子：你已成年！从法律上看，这种仪式非常有意义。

《民法典》规定，18 周岁以上的自然人为成年人。成年人为完全民事行为能力人，可以独立实施民事法律行为。这意味着：一个智力健全的人到了 18 周岁，就要独立地享有法律上的权利，履行法律上的义务，也要完全地承担自己行为所造成的不利后果。因此，成年既意味着“独立”，也意味着“责任”，还意味着你要按照成年人的规则去“游戏”。法律就是成年人必须遵守的“游戏规则”。

人在刚刚出生时，懵懂无知，无法无天。从一头雾水听外婆讲故事到自己看电视、看童话书；从开始观察、感知大人们的情绪和情感变化到自己有了随父母旅游的愉快记忆、和同学参加夏令营的初次体验；从经历父母吵架、邻里不和到买东西受骗、趁同学不注意时用一下别人的橡皮……其中有很多东西是长大以后才理解其意义，但随着年龄增长，我们一直在经风雨、见世面、长知识。在耳濡目染中习得风俗习惯、在日常交往中懂得人情世故、在学校生活中获得社会知识，其中最重要的是孩子越来越能理解社会的一些基本规则。学习、理解社会规则的过程是少年逐渐被社会化并且走向成熟的过程。

成年是一个人能够独立在社会中生活的标志,而一个成年人的日常生活行为也就是法律的核心内容——不得盗窃、童叟无欺、诚信做人等。其实,社会交往和市场交易中的习惯就是法律的最初来源,法律来自人情、来自经验,是人生的法则。

法律是人的行为规则,它告诉人们可以做什么,不能做什么,一个人做了不能做的事情后应该受到什么样的惩罚。法律就是用事先告知你行为后果的方式,使得人们可以预测自己的行为后果。一个人只有成年后,才可以做到基本正确地选择自己的行为,预测自己的行为后果,对自己的行为负责。

我们知道,人年龄越大,经历的事情越多,阅人无数,历事无数,见多识广,经验丰富。孔子曰:“七十而从心所欲,不逾矩。”这一方面说明法律来源于生活;另一方面也告诉我们,法律就像一位饱经风霜、见多识广、老成持重的智慧老人,在用一些家常话语对我们进行谆谆教诲。

法律是生活的百科全书,它在告诉我们为人处世之方、待人接物之法、安身立命之道。

法律不保护权利上的睡眠者

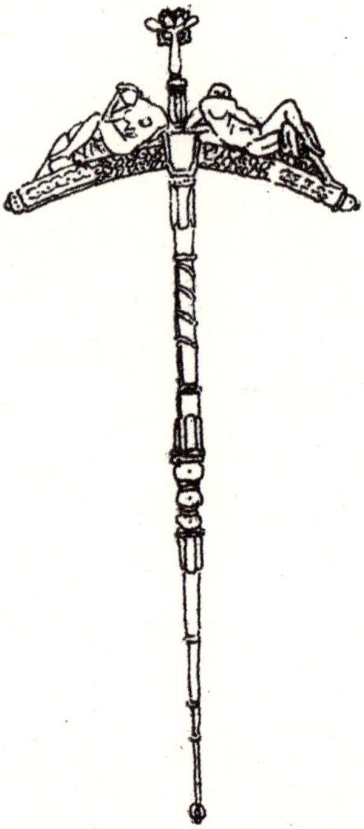

《民法典》有“人民权利的宣言书”之称，其中记载了一个自然人从出生到死亡、从生产到生活、从个人到家庭可能享有的各种权利。但是，这些权利如果不被权利人行使或者积极主张，法律也不过是一张写满了权利的“废纸”。学习《民法典》，很重要的一个方面是在理解权利的同时，学会行使权利和主张权利。

有这样一句法谚——法律不保护权利上的睡眠者。它告诉我们，法律只保护那些积极主张权利的人，而不保护那些对自己的权利漠不关心、怠于主张的人。因为权利上的睡眠者无视自己权利的存在，此种行为实际上是对权利的亵渎，更是对法律的漠视。你拒绝法律慈祥的眼光，就得不到法律的垂怜。

“法律不保护权利上的睡眠者”，并不是法律对个人的冷漠无情，而是民事法律的适用者或纠纷裁判者——司法机关必须保持被动性和中立性使然。民法以“意思自治”为原则，尊重当事人的自由与选择，法院对于没有提起诉讼的案件不得受理，对于权利人没有请求的事项不得审查，不得在审理和裁判时任意处理。如果法律允许司法机关随便干预私人生活，将引发社会秩序极度混乱。因此，《民法典》规定了许多“请求权”，法院对于民事案件实施“不告不理”。如果没有权利人行使请求权、提起诉讼，法院不得启动保护程序。

有人说，法律是一位彬彬有礼的客人，你不邀请，他不会主动上门。学习《民法典》，首先要认识这位客人，其次要学会如何邀请客人。只有每个人都重视自己的权利，并且知晓如何主张自己的权利，法律才能对侵犯权利的人施以制裁。

我们不仅不能自己躺在权利上睡大觉，还要敲醒身边的“权利上的睡眠者”，并给他们一些提示和警告，让他们能够及时通过合法途径行使自己的权利。

自己不能做自己的法官！

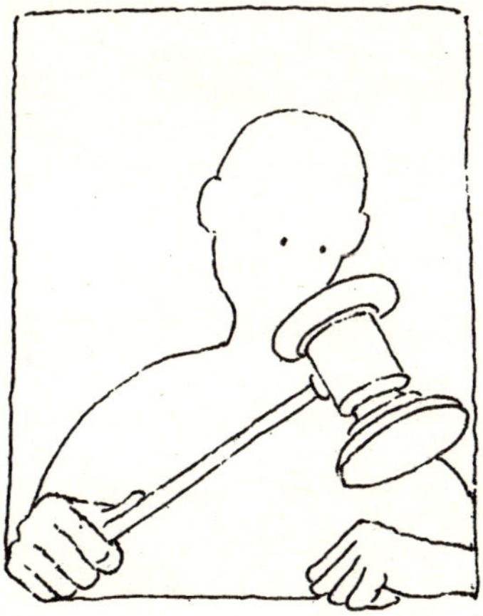

学习《民法典》时，老师会讲：《民法典》是裁判规则。也就是说，《民法典》的内容不是简单的原则宣示，而是用来解决我们日常工作和生活中的矛盾纠纷的“准绳”。法院作为专门的司法机关，依法履行裁判者职能；仲裁机构、人民调解组织、民间调解组织等，在解决民事纠纷时，也要依据民法的规定，进行仲裁或调解。

之所以要设立专门审判机关、仲裁机构和调解组织，是因为法律适用上有一个基本规则——自己不能做自己的法官。换言之，在民事活动当事人发生纠纷时，如果双方不能自行和解，任何一方当事人不得自己决定纠纷如何解决。

电视剧《宰相刘罗锅》中有一个情节：群臣随着乾隆去逛御花园，看着满园鲜花，乾隆诗兴大发，摘下一朵花，一边揪花瓣一边吟道：“一片两片三四片，五片六片七八片，九片十片十一片……”群臣都在听，但乾隆到第三句再也接不下去了。为难之际，刘墉加了一句：“飞入草丛都不见。”乾隆如释重负。到老年时，刘墉和乾隆都出了诗集，刘墉把这首诗收入了自己的诗集，乾隆的书里也有这首诗。于是，和珅向乾隆告密，说刘墉大不敬，把乾隆的诗据为己有。乾隆一怒之下把刘墉下了大狱。

这里显然发生了一个纠纷——乾隆与刘墉的著作权之争。要解决这场纠纷，法律上有两个必须回答的问题：

第一，这首诗到底是谁的？从法律角度来看就是著作权人是谁？

第二，应该由谁来判断著作权的归属？

从他们都把这首诗收入自己的诗集的行为看，两个人都认为自己享有著作权：乾隆认为这首诗一共四句，三句是他写的；而刘墉则认为如果没有第四句，就不能成为一首诗。

按照今天的《著作权法》规定，这首诗是合作作品，乾隆和刘墉是共同著作权人，他们都享有法律上的相应权利。但在当时，没有著作权法。乾隆作为皇帝，享有"朕即法律"的绝对权力，只要他认为刘墉"大不敬"成立，有权直接将他送进大狱。刘墉只能到大牢里待着，等着皇帝"开恩"，放他出来。刘墉既没有资格，也没有能力与皇帝抗争。

我们今天来看，乾隆的行为是典型的"自己做自己的法官"，他可以判断自己的行为是否合法而将刘墉的权利弃之不顾。可见，在封建社会，即便如刘墉这样一人之下、万人之上的宰相，也没有资格享有什么权利，只是"伴君如伴虎"，法律面前人人平等、人格尊严等完全是梦想。

由此可见,任何人"不能做自己的法官"作为一条法治原则,具有非常重要的意义。否则,不仅纠纷无法得以顺利解决,而且我们的权利有可能被武断地侵犯。

按照法治思维,可以假设这个纠纷的另外一种情形:著作权法颁布实施后,乾隆或者刘墉向法院提起诉讼,在法庭上,乾隆与刘墉平等地进行陈述、辩论,提出自己的主张并提供证据。最后,法官根据著作权法的规定,认定乾隆和刘墉都是著作权人。这样,刘墉的权利就得到了保障。

从乾隆自己给自己断案到专门法官断案,似乎变化不大,却蕴含着完全不同的法律观念——人治与法治。在"人治"观念下,皇权凌驾于法律之上,"普天之下莫非王土,率土之滨莫非王臣";而在"法治"观念下,任何人、任何组织都必须在宪法和法律的范围内活动,没有超越法律之上的权利。

每一个生活在社会中的人,都有可能与他人产生矛盾和争议,也都要遵循"不能做自己的法官"的法治原则。

“民法”一词将错就错

《民法典》是民法规范的体系化整合，了解“民法”一词，对于理解《民法典》有所助益。在学术界，对于“民法”一词的来源，有两种不同认识。

“民法”一词来源于西方，中国引进了日本学者的“错译”

大多数学者认为：“民法”一词来源于古罗马的市民法（*jus-civile*）。在古罗马，法分为两种。一种是适用于罗马市民的法律——市民法，另一种是适用于被罗马征服地区的居民及其他们与罗马人之间关系调整的法律——万民法（*jus-gentium*）。

后来，由于万民法是由裁判官在解决具体纠纷中形成的规则，以案例为主并且灵活方便，适用范围逐步扩大，更能满足整个社会的普遍要求，加之获得罗马公民权的非罗马市民越来越多，市民法与万民法的区别逐渐消失。到公元6世纪，东罗马帝国皇帝查士丁尼对罗马法进行了汇总整理，编成《国法大全》。

欧洲中世纪中后期，发生了三次重要的思想解放运动，即罗马法复兴（Law Roman of Revival）、文艺复兴（Renaissance)和宗教改革(Reformation),又称“3R 运动”。

公元 12 世纪前后,罗马法从意大利复兴,并迅速传播到欧洲各国,兴起了多国竞相研究罗马法的热潮。罗马法典中完备的平权主体法律规范及理论体系对刚刚兴起的资本主义国家的法律产生了极大影响,各国制定民商法时主要是参照罗马法。在这一时期,查士丁尼编成的《国法大全》,被称为《查士丁尼法典》,也就是今天我们所说的《罗马民法典》。

受罗马法的影响,欧洲大陆各国都根据拉丁语(*jus civile*)分别将民法定名为 droit civil(法国)、civil law(英国)、Zivilrecht(德国)、граданское право(俄国)、Burgerlyk Regt(荷兰)等。这些词的词根相同,都有市民法和公民法的含义。从法国开始的法典化运动,先后催生了多部民法典,特别是产生了《法国民法典》(《拿破仑法典》)与《德国民法典》两部具有划时代意义的法典。日本在明治维新时期,引进了《法国民法典》,学者津田真道错误地将“市民法”一词翻译为“民法”。对于翻译的原文到底是法语还是荷兰语,有不同说法,但都认为这个翻译是个“错误”。

中国清末变法时,学者们直接从日本引进“民法”一词,沿用至今。虽然在课堂上老师都会告诉学生这是个“错译”，但约定俗成，老师们会更愿意用“民法”一词讲解“市民法”的内涵，而不是在词汇的翻译对错上多花时间。

按照这种观点，中国古代法律文献中无“民法”一词，有关钱、债、田、土、户、婚等相关法律规范，都收在各个朝代的律、例之中。清末至中华民国时期曾制定“民律”草案，该草案后于1929～1930年陆续公布修订分编时改称“民法”，这是中国法律历史文献上第一次正式使用“民法”一词。

“民法”一词是中国自己的创造

有少数学者认为，“民法”一词并非来自日本，是中国自己的创造。在中国古代典籍《尚书》中就已有“民法”一词。《尚书·孔氏传》：咎单，臣名，主土地之官，做明居民法一篇亡。这中间的“民法”一词，就是中国民法的词源。

赞成这种观点的人不多。主要理由是，民法作为市场经济的一般规则，是外向型、重商型经济的产物。中国古代自商鞅变法后力行重农抑商政策，加上战国时期铁犁牛耕的出现进一步发展了农耕经济。从本质上说，中国古代经济是自给自足、男耕女织的封建小农经济。这种经济模式构成了封建社会统治的经济基石，即便有“民法”字样，也与“民法”的本质完全不同。

西方国家的罗马法复兴和法典化运动,都是为了促进资本主义发展。清朝末年,也是为了变革才引进“民法”。从中国最早制定《大清民律草案》的说明中,可以明显地看到,引进民法是为了移植西方的经济模式。

该说明称:“《大清民律草案》的制定,秉持以下宗旨:(一)注重世界最普通之法则;(二)原本后出最精之法理;(三)求最适于中国民情之法则;(四)期于改进上最有利益之法则,移植规范工商社会的西方法,完成中国法由传统向现代的转型。”

拿破仑与《法国民法典》

拿破仑主持制定的《法国民法典》是世界法律史上的一座丰碑。拿破仑曾经自豪地说:我的光荣并不在于赢得了40场战役,因为滑铁卢一役就使得这些胜利黯然失色。但是我的民法典却不会被遗忘,它将永世长存。在拿破仑的墓旁有雕塑家西马尔的一幅浮雕,上面铭刻着《法国民法典》和拿破仑的名言:“我唯一的、因其简明性而给法国带来了比此前一切法律都要多的益处的法典。”

拿破仑曾经从教皇手上夺过皇冠直接给自己加冕,不把教皇放在眼里。但他在主持民法典制定的时候,却十分谦逊,并且富有政治智慧,将自己的生活经验应用到立法之中。

民法典开始制定的时候,拿破仑还是一位年轻的执政官,他并没有拥兵自重,而是在专家委员会的面前,非常谦虚,他希望能够真正调动起专家们的积极性,把他们的法学智慧充分地展现出来。他说,你们要详细完整地记录法学权威者们的观点,这是非常必要的,我宁愿保持本色,也不想硬充高明。在他自己的观点与起草委员会的许多委员的意见不相吻合的时候,拿破仑说:先生们,你们并非来赞同我的意见的,而是来发表你们的看法的。

拿破仑并不是法律专家,他对于法律、法律的历史、法律的原则、法律如何表述如何表达也并不精到。但他的理想是,法律要解决社会生活中的实际问题,所以,他给委员会的命令是:要让我的农民在他们的油灯之下,也能读懂他们的权利。他要求专家委员会起草的法典,在表达上要通俗、要精练、要准确。拿破仑说:我自己就不是一个法律专家,我对很多法律的术语也不了解,但是你们首先得过我这一关,你们所起草的草案,要让我一看就能明白、就能懂,不产生歧义。为此,他经常主持专家委员会会议到深夜,对专家们提出的条款,一条一条地问,这一条公正吗?它是正确的吗?这一条实用吗?

拿破仑在婚姻法的制定方面,提出了自己的看法,他反对过多的教会法对婚姻的干涉,主张婚姻应该是一种世俗的、自由的、合意原则的制度安排。这个主张来自他自己的生活经历。拿破仑的妻子约瑟芬,在婚前和婚后曾经多次与他人有染。有一次,他从埃及回到法国,因为对约瑟芬行为的愤怒,晚上将她拒之于门外。约瑟芬守在拿破仑门前痛哭了一夜,请求拿破仑原谅她。拿破仑也的确原谅了约瑟芬,此后她不仅对拿破仑绝对忠贞、忠诚,而且运用她高超的社交手腕拉拢民心,为拿破仑称帝立下了汗马功劳。对此,拿破仑记在心中，非常感谢，所以后来约瑟芬成为皇后。但是约瑟芬跟拿破仑没有子女，在继承人方面又遇到了问题。在制定《法国民法典》时，拿破仑对于自己的婚姻状况记忆犹新，他希望法国人民在未来处理自己的婚姻家庭方面的法律依据更为符合人情、符合人道；同时他也考虑，如果不经过教会，而是能够按照民法典来处理婚姻，从结婚到离婚，尤其是离婚，既可以降低婚姻成本，也可以通过双方协商，达到离婚的结果。因此，他个人的遭遇、考虑使得《法国民法典》的婚姻篇非常世俗化，他全力支持的合意离婚制度、收养制度都对后世产生了巨大的影响。当然，这两个制度，也解决了他个人在婚姻方面可能导致的政治丑闻和与继承人有关的问题。

可以说，《法国民法典》之所以能够“征服世界”，是因为这部法典对社会生活的深刻理解和归纳，以通俗、简明、平易的方式告诉了人们生活的“游戏规则”。同时，也告诉法学家，法律源于生活，来自人们的生活经验，是“生活的百科全书”。

法律与幸福

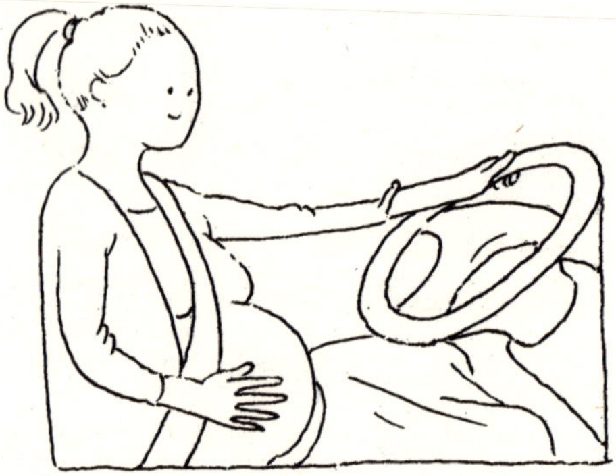

人们都说,《民法典》是社会生活的百科全书,关乎每个人的衣食住行、生老病死。中国《民法典》编纂的一个重要原则就是"以人民为中心",满足人民对美好生活的向往。这说明,《民法典》是追求幸福的法律。

学习法律的人,也都认为应该是这样的。我在上大学时,读到世界上最早的法律之一——《汉谟拉比法典》,这部刻在石柱上的法典,开篇就讲"我在这块土地上创立法和公正,在这时光里我使人们幸福"。老师也都告诉学生,法律的目的在于追求人的幸福。

但在社会生活中,说到法律,人们想到的似乎更多是痛苦:除了公安局、检察院、法院、监狱这些国家机关之外,还会想起那些倾家荡产的商人、同床异梦的夫妻、背后插刀的朋友、流离失所的老人、无人抚养的孩子。从这些人的身上,我们似乎看不到幸福。

我们也问老师,为什么课堂上讲的和实际生活感受会有如此大的反差呢?老师的回答是,你们读书还不够、生活的经验也不够。法律是人的行为规范,你们需要从书本和社会中更多地去"知人""识人""辨人"。

从本科到博士,我读过不少法律书。印象最深的是一本法学入门书——《法学的邀请》，这本书用通俗易懂的语言讲述法律，讲“法律的目的是追求绝大多数人的幸福”，还讲“法律是追求事实真相的工具”。把这两个方面联系起来，似乎可以明白为什么说法律会带给人们幸福。法律通过追求事实真相实现社会正义，那些遭受不幸的人经由法律适用而得到幸福。法律可以让犯罪者受到惩罚而使受害人获得救济，让投资失误的商人既对自己的行为负责又只在一定范围内承担责任而可以“东山再起”，让婚姻不幸的夫妻不再相互折磨而各自寻找新的幸福，让背信弃义的朋友失去个人信用而寸步难行，让无家可归的老人具有住所而免受冻饿之苦，让被抛弃的孩子有人照护而健康成长。由此可见，法律不但要让“坏人”变好，而且的确是惩恶扬善、维护正义，追求大多数人的幸福。

法律通过合乎多数人利益的规则体系去引导全社会的人追求善，通过国家对人民权利和财产保障的承诺去鼓励全社会的人实现善，从而实现人们对幸福的期许。

首先，法律使人获得安全感，从而感受幸福。就如制定交通规则，规定车辆统一靠左或者靠右行驶，可以让驾车人感到安全；规定红灯停绿灯行，可以让行人感到安全。因为出行顺畅，驾驶人和行人都会感到幸福。

其次，法律使人获得确定感，从而体会幸福。还是以交通规则为例，规定街道分时段通行，可以让驾车人预测行驶时长、确定出发时间；规定专门公交车道，可以让乘客预计出门时间，上班不迟到。因为出行是可预期的，驾车出行还是乘公交车出行都可以体会到幸福。

最后，法律使人获得责任感，从而实现幸福。交通规则制定出来后，无证驾驶、酒后驾驶，都要承担法律责任；为了执行交通规则，专门设置了交通警察、法院，可以让不遵守交通规则的人受到惩罚，让受害人得到赔偿。因为有责任，可以让每个人在追求自己幸福的同时，对不影响他人的幸福保持警醒；同时，一旦幸福受到影响，国家也提供救济的渠道。这使得人们在社会协作与责任分配过程中，实现大多数人有保障的幸福。

在社会生活中，虽然每个人都有追求幸福的权利，但每个人对幸福的理解和需求各不相同。在资源有限的情况下，为了避免“撞车”、“堵车”或“撞人”，法律以国家意志形式明确权利义务分配规则并加以公开，向全社会事先宣告人们追求幸福的行动范围和幸福的实现方式。法律十分严肃地划定幸福边界，让每个人可以在规则的指引下“从心所欲”地追求幸福但必须“不逾矩”；同时，设立警察、检察院、法院和监狱，为应得的幸福受到侵犯而提供救济渠道。在法治社会里，只要人人都遵守法律，生命和财产就有安全保证，生活方式和生活质量也可以预测；人们既不必担心飞来横祸，也不必为幸福而祈求上帝。

在市场经济大潮的冲击下，人们似乎习惯了以物质财富来衡量幸福的高度。但是，如果没有确保财富获取、财富分配公平的法律及其相关保障措施，物质财富可能不仅会被剥夺，还会变成生命安全的最大风险。法律以其最正式的方式承诺保障人民合法获得的物质财富，还以国家强制实施方式给人民以安全感、确定感、受尊重感、被公平对待感、愉悦感，守护人民最根本的幸福。

什么是法律上的“物”？

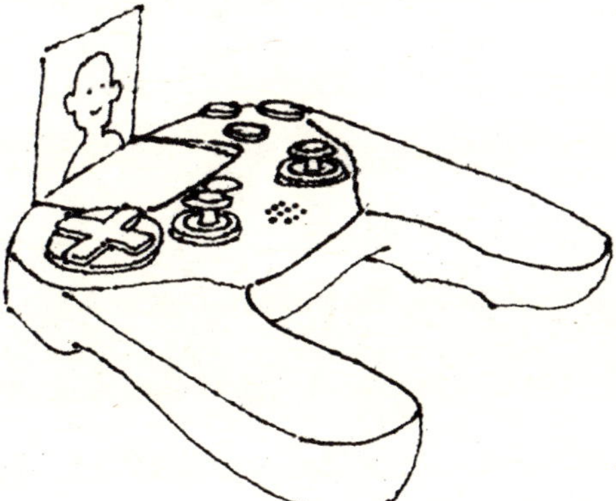

《民法典》物权编是调整财产关系的最重要制度，许多人会问："物"是什么？

这个问题，我也问过参加法学专业考试的学生。有一年，一位非法律本科的学生参加法律专业硕士的面试，我提出的问题是："请你说明什么是民法上的物。"他回答："柴米油盐酱醋茶。"

答辩组的老师们都笑了，这个学生非常紧张地问：我说错了吗？

我告诉他：你没有说错，但也没有说对。因为"柴米油盐酱醋茶"是生活中的物，但不是我问题中的"民法上的物"。面对考生的一脸懵懂，我说，今天面试，没时间给你解释，请你回去认真读民法书。

这件事情告诉我，我们学习法律的人看来"当然如此"的概念，因为是对社会经济生活的高度抽象，所以与实际生活的距离非常大。虽然我们说《民法典》是"社会生活的百科全书"，但要读懂这本书，并不容易。我有时候会半开玩笑，如果没有这些大家都认识字却不能"望文生义"的法律概念，我们学法律的人的饭碗从哪里来？其实，这是真的。

法律上"物"的概念最早起源于罗马法。有意大利法学教授到访,我们也会问“物”的概念问题。教授回答,古罗马法用拉丁语的“*res*”指代“物”,今天的意大利语用“cosa”一词。但是,无论是“*res*”还是“cosa”,在语言词汇中都是最抽象、最含糊的概念。在法律中,“物”有着非常准确和限定的含义。法律上的“物”(*res*)不同于日常生活中的“物”,在古代,主要是指除自由人以外存在于自然界的、对人有用的一切东西;在现代,主要是指具有经济价值、可以用金钱衡量的东西。这应该是对日常生活中的“物”与法律上的“物”的一种简要解释。

在课堂上,我们会讲:民法上的“物”是由法律确定的一种客体,指自然人身体之外,能够满足人们需要并且能够支配的物质实体和自然力。它与日常生活中理解的“物”有相同之处,也有不同,主要体现在三个方面:

第一,法律上的“物”是指有体物,客观存在、有一定的物理属性,可能由人的劳动创造,也可能是自然造就;可以有固定形状,也可以没有固定形状,但其必须是物质的东西。因此,智力成果不是物。

第二,民法上的“物”具有物理属性,但不是物理学上的“物”。民法上的物必须能满足人们生产或生活上的需要,必须体现物质利益。没有使用价值,又没有交换价值的自然界的物,不能成为民法上的物。因此,泥石流不是民法上的物。

第三,民法上的“物”必须能够为人所支配。人的力量不能控制、支配的自然界的物,就不是民法上的物。因此,太阳不是民法上的物。

“物”的概念在罗马法中占有非常重要的位置,对后来形成大陆法系和英美法系产生了不同的影响。大陆法系自《法国民法典》开始,借鉴了罗马法上物的概念,到《德国民法典》确立了“物权”与“债权”的概念。英美法系没有“物”“物权”的概念,但形成了庞大的财产法体系。

从专业角度看,“物”作为一个高度抽象的法学概念,具有十分丰富的内涵,并且也会随着时代的变化而发展,是一个非常复杂的舞台。在个案中,法官更是需要根据法律的规定以及事实情况,进行“以事实为依据、以法律为准绳”的综合判断。“典友”们讨论过的月球土地、世界杯空气、遗体、从火星上带回来的石头等案例,也在告诉我们,法律来自社会生活的高度抽象,但要将高度抽象的法律运用到千变万化、千奇百怪的社会生活中,并不简单。

“物权”是个啥东东？

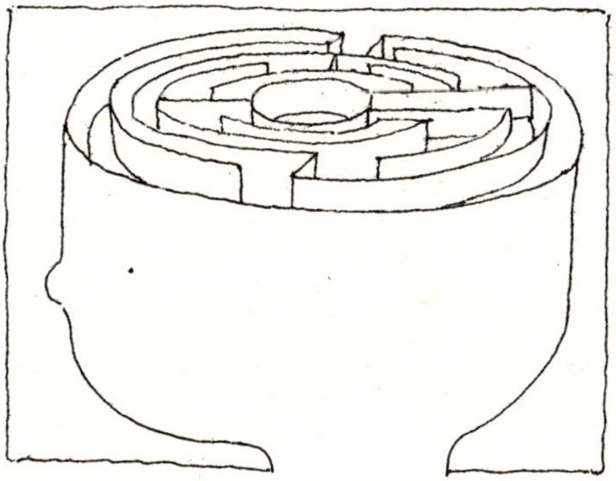

《民法典》第 114 条规定："民事主体依法享有物权。物权是权利人依法对特定的物享有直接支配和排他的权利，包括所有权、用益物权和担保物权。"我觉得法律规定得非常清楚。

但有人问："物权是个什么东东？能够像你说的'物'是什么那样，说说'物权'是什么吗？"

我回答："物权就是法律规定的自然人、法人直接支配不动产或者动产的权利，包括所有权、用益物权和担保物权。不动产包括土地以及建筑物等土地附着物；动产指不动产以外的物。"

接着问："既然是支配财产的权利，为什么不叫财产权，非要叫物权呢？你们民法书上不是也叫财产权吗？"

许多问题下来，我才感到"物权"原来这么"不清不楚"，还真得好好说说。

人类生活需要一种关于财产的法律制度。因为人的生活需要借助于财产，但是财产有限，人类却生生不息、繁衍不止。于是，就产生了通过法律确定财产的归属，确定财产的分界，以防止对财产的争夺、侵占的需求。建立一种法律制度"定分止争"，让特定的人只可以在一定范围内支配外部世界的财产，不对他人支配外部财产产生威胁，从而建立起保障财产的归属秩序、利用秩序。这种法律需求，在举世各国都是一致的、共同的。但是，对于在怎样的范围内、采取什么样的形式或手段确定人对外部世界的财产的归属关系、利用关系，则有不同的做法。不同的民族传统、民族习俗，以及不同的经济发展水平、不同的法律历史等，会产生不同的法律制度。

在民法的起源——罗马法中，关于财产的法律制度为“定分止争”，首先创造了“物”的概念，以及所有权、用益权、役权、永借权、地上权、永佃权、抵押、质押、占有等许多与权利有关的概念。为保护财产，还建立了一种“物的诉讼”，让权利人可以通过诉讼来确认特定物的归属。一般认为，罗马法上有“物权”的观念，但没有“物权”的概念。

欧洲中世纪，产生了专门以研究罗马法为中心的一批学者，并形成了注释法学派、评论法学派等法学流派。他们在推动罗马法复兴的过程中，分析罗马法的各种法律文献结构，致力于将罗马法“改造”为适应封建社会、能够被西欧国家广泛采用的法律，结合实际生活，创造了“物权”这一术语。

“物权”一词在民法典中正式出现是 1811 年的《奥地利民法典》。该法典第 307 条规定，物权，是属于个人的财产上的权利，可以对抗任何人。其后，1890 年，日本的“旧民法”规定了物权的定义。

19 世纪中期以后，德国制定统一的民法典获得各方面高度认同。围绕民法典的制定，德国出现了以罗马法为渊源的潘德克顿法学派；并创造了潘德克顿模式，即对个别法律事项所共通的部分进行高度抽象，通过“提取公因式”形成民法概念体系，并按照这个概念体系形成民法典的逻辑。其中，最重要的就是把对财产支配区分为物权和债权，物权针对财产的归属和利用，债权针对财产的流转和交易。1896 年的《德国民法典》，专门设立物权编，规定物权制度及其体系。

德国的这一做法对后世制定民法典的国家产生了直接影响，日本、希腊、土耳其、瑞士、韩国、葡萄牙等许多国家都采用了这一基本做法。我国以 2007 年制定的《物权法》为基础，编纂了“物权编”，其源起和名称都来自《德国民法典》。

但是，英国、美国等国家虽然也受到罗马法中的“物”的概念影响，却没有“物权”“债权”的概念，而是形成了与财产有关的“财产法”体系。英美法系中，“财产权”的范围远远大于大陆法系上的“物权”，既包括了大陆法系上的债权，还包括了知识产权、股票、基金等无形财产权。

归纳一下，与财产有关的“定分止争”法律制度，大致分为两大类。一类是以《德国民法典》为代表的，将财产权区分为“物权”与“债权”并建立相应的制度体系的大陆法系；另一类是以英美法为代表的，不对财产权进行区分而建立统一财产法制度体系的英美法系。因此，物权法与财产法不是一个概念。

中国的民事立法过程借鉴了《德国民法典》的“物权”概念，制定了专门的物权法，并在民法典中有专门的物权编。但是，其并没有继受《德国民法典》的“债权”概念，而是根据《德国民法典》中的“债权编”，分别制定了合同法、侵权责任法，在民法典中也将合同、侵权责任单独成编。

为什么要确定所有权？

通过建立法律制度来“定分止争”，这在举世各国都是共同的，于是有了“物权”“财产权”等法律概念。其实，这些概念来源于建立财产归属法律制度以奠定社会秩序基本规则的实际需求。外国如此，中国亦如此。

故事1：狐狸应该判给谁？

1805年某日，波斯特先生牵着猎狗，来到一处无主的海滩边。当他发现不远处有一只狐狸时，便放开猎狗去追捕。此时，附近的皮尔逊先生也看到了这只狐狸，他直接举枪打死狐狸后，拿到了自己手上。为此，波斯特与皮尔逊发生了争执。波斯特认为，狐狸是他先看到并进行追捕，所以他应该拥有这只狐狸；皮尔逊认为，这只狐狸是他先打死并先拿到的，这只狐狸应该归他所有。

因为争执不下，波斯特向纽约市皇后区法院提起诉讼，要求获得这只狐狸，法官支持了他的请求。皮尔逊不服，向纽约州最高法院提起上诉。五位法官组成合议庭审理该案。多数意见认为：该案争议的狐狸是一只野生动物，属于法律上的无主物，无主物只有通过占有才能取得财产权。本案中，皮尔逊射杀并实际占有狐狸，因此，狐狸应该属于他。于是，上诉法院推翻了一审判决。

这是一个真实的案件，也是美国确立占有规则的判决，也就是我们经常说的“判例法”，可以成为法官以后裁判此类案件遵循的“先例”。

在这个案件中，我们看到了一审法官和二审法官对于狐狸应该归谁的两种不同思路，也是立法者可以选择的两种不同规则：一种是谁先看到狐狸或先追逐狐狸，谁就拥有这只狐狸；另一种是谁先实际占有狐狸，谁就应该拥有这只狐狸。在这个案件中，最终结果是选择了后一种规则。

为什么法官会作出这样的选择呢？这是因为，如果以谁先看到或先追逐为标准，必然会带来没完没了的纠缠，导致所有权始终不能确定。比如在上述案件中，还有波斯特与皮尔逊之外的人出来说，他在几天前就看到了这只狐狸并曾经追过，法官是否要把狐狸判给这个人？如果以后不断地有人出来说，他比前面的人更早看到狐狸并追过，什么时候才能够真正确定狐狸归谁呢？

当然，人们会说，一只狐狸而已，不至于如此。但是，在美国当时的情况下，为了国土向西部推进，老百姓可以无偿获得土地及其地上的动植物，其价值绝非一只狐狸之微。如果按照谁先看到这片土地及地上的动植物就归谁所有，难以证明谁是第一个看到的人，要确定所有权人非常困难，会为此付出巨大的社会成本。如果以先占规则来确定这种无主物的所有权，取证比较容易，确定性比较大，社会成本比较小。在当时英国判例、美国判例中都没有涉及此类规则的情况下，“一只狐狸”的归属成为对美国财产法影响深远的案件。

故事2：百人逐兔

在中国，战国时期商鞅的《商君书·定分》和慎到的《慎子》中，都讲到了“百人逐兔”的故事：

今一兔走，百人逐之，非一兔足为百人分也，由分未定也。分未定，尧且屈力，而况众人乎！积兔在市，行者不顾。非不欲兔也，分已定矣。分已定，人虽鄙不争。故治天下及国，在乎定分而已矣。

用今天的话说，就是现在一只兔子在田野里奔跑，有成百的人在后面追赶，这并不意味着一只兔子可以为一百人所分，而是因为这只兔子的所有权没有固定。所有权不固定，即便是尧这样的圣王也没有办法，何况是一般大众！而大量的兔子堆积在市场上,路过的人都视而不见,并不是人们不想得到兔子,而是这些兔子已经有其主。所有权一经确定,有的人虽然品性粗野但也不会再去争执。因此统治天下和国家,也在于定名分而已。

这也告诉我们,如果“分未定”,则可能在物质匮乏、资源稀缺的情况下,因“百人逐之”而导致社会的混乱;而“分已定”则正好相反,在物质匮乏、资源稀缺时,可以“人虽鄙不争”。因此,只有“定分”才能“止争”。确定权属的法律,是任何国家的法律中最重要的规则。

这也是我们说的,物权制度具有“支柱性”作用的原因。

财产权“平等保护”来之不易

《民法典》物权编第207条规定的“国家、集体、私人的物权和其他权利人的物权受法律平等保护，任何组织或者个人不得侵犯”，我们称之为“平等保护原则”。这是对《物权法》（以下《物权法》均指《民法典》出台前的原《物权法》）第4条的继承，未做修改。但是，这个曾经在中华人民共和国立法史上引发巨大争论的法律规定，未做修改本身，就是党和国家对坚持中国特色社会主义经济制度、实行社会主义市场经济、平等保护各类市场主体的最好承诺。

因为，《物权法》确立“平等保护原则”，经历五年八次审议，在中华人民共和国立法史上绝无仅有。回顾这段历史，有助于我们更好地理解和实施《民法典》。

《物权法》制定的背景

2004年3月14日，第十届全国人民代表大会第二次会议通过了第四次宪法修正案，对《宪法》进行了全面修改，其中主要的内容之一是，进一步明确国家对发展非公有制经济的方针，完善对私有财产保护的规定。宪法修改后，如何将宪法的规定通过相关的民事法律加以落实，成为迫切的立法任务。

当时,我国与财产权保护有关的民事法律是1986年制定的《民法通则》,这部法律显然不能适应宪法修改后的新需求。在《民法典》的制定由于种种原因未能继续的情况下,全国人大常委会明确了先启动主要民事法律制定,后编纂《民法典》的工作思路。

2003年,第十届全国人大常委会将制定物权法放在民事立法的最优先位置,列入五年立法规划和2004年立法计划。

平等保护原则引发巨大争议

全国人大法工委以2002年向社会公布的《民法典·物权编草案》为基础,经过调研和反复修改,形成物权法草案,于2004年10月提请第十届全国人大常委会第二次会议审议。根据审议意见,全国人大法工委对草案继续进行修改完善。

2005年,草案经全国人大常委会第十六次会议第三次审议后,委员长会议决定面向社会全文公布,广泛征求意见。全国人大常委会办公厅于2005年7月10日全文公布草案。在40天时间里,社会各界积极建言,共提出意见11,543条。

2005年8月,北京大学法学院巩献田教授发表了一封“致吴邦国委员长并转全国人大常委会的《公开信》”,提出面向社会公布的《中华人民共和国物权法(草案)》(以下简称《物权法草案》)违宪。巩教授认为:《物权法草案》严重违反宪法规定的我国“以公有制为主体”的基本经济制度,具有明显的鼓吹私有化倾向。公开信发表半个月后,时任全国人大常委会法工委主任胡康生、副主任王胜明等4人约见巩教授,专门听取他对《物权法草案》的意见。

与此同时,法学界围绕物权法是否应确立平等保护原则,形成了针锋相对的两大阵营,就平等保护原则是否违宪、是否赦免私有财产的“原罪”、是否与市场经济有必然联系等问题展开了激烈辩论。

尽管社会上有巩教授一封信“叫停”物权法的说法,但实际上立法工作从未停止。2005年9月26日,时任全国人大常委会委员长吴邦国同志主持座谈会,就《物权法草案》的重要问题听取部分全国人大代表和有关方面的意见。2005年10月22日,第十届全国人大常委会第十八次会议对《物权法草案》进行了第四次审议。

2006年3月9日,全国人大常委会原委员长吴邦国在人大常委会工作报告中指出，物权法将列入2006年立法计划，《物权法草案》待条件成熟时再提请审议。

《物权法》八次审议后出台

2006年8月，第十届全国人大常委会第二十三次会议对《物权法草案》进行了第五次审议。时任全国人大法律委员会副主任委员胡康生在作修改情况的汇报时强调：《物权法草案》有关坚持我国基本经济制度、加强对国有资产的保护、维护农民的土地承包经营权等的规定，符合宪法，体现了改革开放以来党的有关方针政策，是适应全面建设小康社会对物权法律制度的要求的；同时，《物权法草案》体现了对国家财产、集体财产和私有财产平等保护的原则，这对发展社会主义市场经济是非常必要的。

2006年10月，第十届全国人大常委会第二十四次会议对《物权法草案》进行第六次审议，特别强调要在"准确体现我国社会主义基本经济制度""遵循市场经济的一般法则，依法对国家的、集体的和私人的合法财产给予平等保护"等重要问题上力求把有关规定研究修改好。

2006年12月29日，第十届全国人大常委会第二十五次会议对《物权法草案》进行第七次审议。人大常委会委员们一致认为,《物权法草案》坚持正确的政治方向,从我国国情出发,以宪法为依据,体现我国社会主义基本经济制度,遵循平等保护物权的原则,加大对国有资产的保护力度,反映党在现阶段的农村基本政策,维护了最广大人民的根本利益,重点解决了现实生活中迫切需要规范的问题。会议以155票赞成、1票弃权的表决结果通过议案,决定将《物权法草案》提请2007年3月举行的第十届全国人大第五次会议审议。

2007年3月16日,第十届全国人大第五次会议表决,以2799票赞成、53票反对、37票弃权,通过《物权法》。“平等保护原则”在中国的民事立法中得以确立。

创设农村集体土地“三权分置”制度

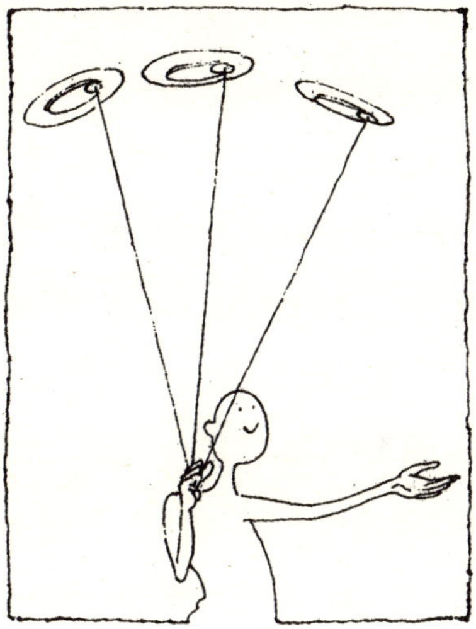

《民法典》物权编第十一章为“土地承包经营权”，第330条第1款规定：“农村集体经济组织实行家庭承包经营为基础、统分结合的双层经营体制。”《民法典》第339条规定：“土地承包经营权人可以自主决定依法采取出租、入股或者其他方式向他人流转土地经营权。”这就是人们通常所说的农村集体土地承包经营权的“三权分置”制度，即农村集体土地所有权、土地承包权、土地经营权可以分离，由不同的主体行使。

这一制度是结合中国实际所做的创造，既坚持农村土地集体所有制、坚持家庭承包经营为基础，又促进农村土地的适度流转，是有利于农村土地制度改革、加快农业现代化步伐的好制度。这一制度最先由经济学家提出，但遭到了法学家的强烈反对。因为在传统法理上，农村土地承包经营权是一项完整的权利，不能也不应分离。

为了从法律上论证“三权分置”制度的必要性与可行性，2014年到2016年，我和研究团队的同事们先后两次接受中央农村工作领导小组办公室（以下简称中农办）委托，承担了“农村产权流转交易市场研究”和“农民土地财产权利保护的法律制度研究”两项课题，为此做了一些基础性工作。

2013 年年底，中农办明确要求以专题调研方式对最先提出“三权分离”的湖北省及武汉市农村土地市场交易所（以下简称武交所）进行“麻雀解剖”。为此，我们成立专门的课题组，在对武汉、宜昌、襄阳进行调研的基础上，重点对武交所从 2009 年挂牌成立至 2013 年年底，累计办理的农村产权交易项目 1669 宗、交易金额 99.69 亿元、流转土地面积 98.16 万亩、涉及农户 16 万户的资料进行了综合分析，形成了《武汉农村产权流转交易市场调研报告》《武汉农村产权交易市场建设的法律问题研究》，在充分肯定武交所按照“三权分离”模式促进农村集体土地市场化改革取得成效的基础上，指出其面临的困难和问题。在法律上至少存在六个方面的挑战：“三权分离”在法律上尚未明确；承包期限的政策表述与法律规定存在冲突；现行法律和政策规定农村宅基地使用权只能在村集体经济组织内部流转，阻碍了宅基地使用权的交易；物权法中的“房地一体”原则极大地限制了农村房屋所有权交易；集体建设用地入市存在重大法律障碍；土地经营权抵押贷款没有法律依据。

据此，课题组提出了“坚持在法治轨道上推进改革，加强重大改革试点工作，启动农村产权交易相关法律修订和改革试点工作”的整体建议。在立法方面，建议在修改《宪法》第10条的基础上，将“土地承包经营权”拆分为“土地承包权”和“土地经营权”，按照“三权分离”的思路修订完善土地管理法、农村土地承包法、经营权抵押贷款改革试验、农村宅基地使用权流转试点，选择有条件的地方开展农村集体经营性建设用地与国有土地同权、同价、同等入市的改革试验。同时，修改《物权法》《担保法》等相关法律。

2014年12月，原中央全面深化改革领导小组第七次会议审议通过了《关于农村土地征收、集体经营性建设用地入市、宅基地制度改革试点工作的意见》，随后，全国人民代表大会常务委员会审议通过了《关于授权国务院在北京市大兴区等三十三个试点县（市、区）行政区域暂时调整实施有关法律规定的决定》，标志着农村土地制度改革正式进入试点阶段。

在新的中央文件中，正式将原来的“三权分离”表述为农村土地集体所有权、承包权、经营权“三权分置”。这一理论在经济学上没有问题；但在以大陆法系理论和立法为基础的中国现行法律框架内,“三权分置”理论存在与既有物权体系相容性不够、造成权利层次体系复杂等问题,法学理论界尤其是民法学界对于这个问题的认识分歧巨大。尤其是在《民法典》编纂已经启动的情况下,如何在《民法典》中规定农村集体土地制度,成为一个重点问题。

2014 年年底,中农办再次下达委托函,要求我们就“农村集体土地制度改革的法律问题”继续进行研究。课题组最终形成了《农民土地财产权利保护的法律制度研究》《农村集体资产实行股份合作制改革及农民对集体资产股份权能的法律问题研究》两份报告,专门对“三权分置”的法律表达进行了认真研究,提出在正确理解“三权分置”对于中国农村土地制度改革独特价值的基础上,法律上可以表达为双层关系:

第一,为稳定土地承包关系,集体土地所有权人(集体经济组织)在其所有权之上为本集体农户设定土地承包经营权,体现集体经济组织与其成员之间的法权关系。此时,“土地承包经营权”与“集体土地所有权”分置并被赋予物权性质,稳定地传达集体经济组织与其成员之间的土地利用关系。

第二，如其他农业经营主体利用该农地从事农业生产，则由该农业经营主体与作为土地承包经营权人的农户之间签订利用合同（流转合同），由农地利用者在农户的土地承包经营权之上设定土地经营权。这里，“土地经营权”与“土地承包经营权”分置，也被赋予物权性质，以传达稳定其他农业经营主体与农户之间土地利用关系的信号。

同时，课题组提出了修改相关法律和《民法典》编纂的具体建议。2019 年，《农村土地承包法》《土地管理法》先后修订，“三权分置”顺利入法，为《民法典》编纂奠定了坚实基础。

“绿色原则”写入《民法典》一波三折

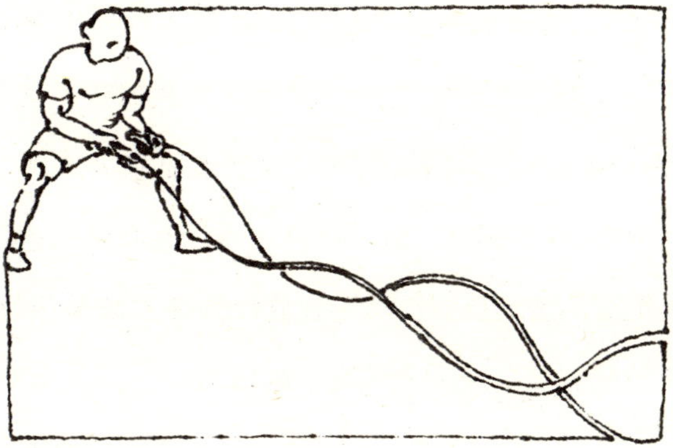

《民法典》第9条规定:“民事主体从事民事活动,应当有利于节约资源、保护生态环境。”这一条又被称为“绿色原则”,是世界上第一次在民法典中将环境保护作为民事法律的基本原则加以规定,宣示了民法典对“人与自然是生命共同体”的认识,回应了生态文明时代人民群众对美好生活的新向往,是对绿色发展理念的贯彻。

“绿色原则”成为中国《民法典》的一大时代特色。但是,这一条写入《民法典》的过程,却是一波三折。

2015年,我作为全国人大代表,在第十二届全国人大第三次会议上提交在民法总则中贯彻“绿色发展”理念的建议,提出在民法总则编纂过程中,以基本原则方式确立环境保护的内容,并与部分学者共同向中国法学会民法典编纂工作小组提交了论证报告。这一建议得到高度重视,编纂工作小组邀请我和环境法学者进行多次讨论。

我们常说,在民法上“法无禁止即为权利”“我的地盘我做主”,但这种无限制的自由恰恰是造成环境污染和生态破坏的重要制度原因。当人类以自然界的主人自居、可以“人定胜天”、欲求无限膨胀时,人对自然资源的掠夺性利用更加疯狂。在一定意义上可以说,正是传统民法上的绝对所有权、意思自治、个人责任原则,加剧了人类不加节制地开发利用自然资源、污染环境和破坏生态的问题。

环境污染、资源破坏等环境问题的产生很大程度上源于我们的生产和生活行为,环境保护法作为专门环境立法,主要是以公法限制方式,从外部限制人们污染和破坏环境的行为,这种限制不仅成本高,而且常常“捉襟见肘”,出现“失灵”。因此,在《民法典》中规定“绿色原则”,实际上是利用民法的内在约束和激励机制,从生产生活的源头对污染和破坏环境的行为加以限制。这样的规定,可以更好地发挥民法与环境保护法的不同功能作用,形成民法的内在约束与环境保护法的外部约束相互呼应、相互衔接的法律制度体系,真正实现建设“美丽中国”目标。

2016 年 6 月,民法总则草案初次提交全国人大常委会审议,我们高兴地看到,“绿色原则”出现在草案稿中。在审议时,出现了不同的声音。有全国人大常委会委员提出,环境保护固然重要,但不能成为调整所有民事法律关系的基本原则。草案稿公布后,也有民法学者认为,民法是调整平等主体之间关系的法律,“绿色原则”体现的是公法内涵,不是调整民事法律行为的规则,因此,反对在《民法典》中写入

“绿色原则”。

2016 年 10 月，全国人大常委会第二次审议民法总则草案时，二审稿中删掉了“绿色原则”。这一改动，同样引起社会和学者的强烈反响。民法和环境法学者召开专门研讨会，达成的共识是：21 世纪是生态世纪，中国要在 21 世纪编纂一部伟大的民法典，回应生态问题必不可少。民法总则草案删除“绿色原则”，将使《民法典》失去最鲜明的时代意义。为此，强烈呼吁在民法总则中恢复“绿色原则”。

2016 年 12 月，全国人大常委会第三次审议民法总则草案。在这次提交审议的草案三审稿中，虽然写入了生态环境保护要求，但未列入“基本原则”，而是放到了“民事权利”一章，具体表述为“民事主体行使民事权利，应当节约资源、保护生态环境；弘扬中华优秀文化，践行社会主义核心价值观”。这一改动，令人错愕！

按照立法程序，全国人大常委会第三次审议通过民法总则草案后，将提请第十二届全国人大第五次会议审议并表决，“绿色原则”是否能够“回归”，时间紧迫。我再次向全国人大常委会提交关于在民法总则基本原则中恢复“绿色原则”的建议，并联合民法学者、环境法学者共同向中国法学会民法典编纂工作小组提交论证报告；同时，向中国农工民主党中央委员会（以下简称农工党中央）提交建议，农工党中央以信息专报形式报送全国人大常委会领导。

各种渠道的建议受到了高度重视，在最终提交第十二届全国人大第五次会议审议的民法总则草案中，“绿色原则”回到了基本原则的位置。

2017 年 3 月 15 日，我在人民大会堂按下了表决器。第十二届全国人大第五次会议高票通过《民法总则》，“绿色原则”正式成为民法基本原则。

“绿色原则”的确立，也为《民法典》各分编建立相关制度提供了依据。《民法典》物权编、合同编、侵权责任编都规定了相关制度，形成了中国《民法典》的“绿色条款”体系。

《民法典》“绿色条款”与中华传统文化

绿色原则及其条款写入民法典之所以困难,是因为民法奉行"主体—客体"二分的哲学理念,与生态环境保护法秉持的"人与自然是生命共同体"理念有巨大差异。

根源于西方哲学与法学理念、产生于"水磨风车"时代的民法典,以追求个人利益为"天职",排斥生态环境保护等公共事务。民法典作为民法调整平等主体间的人身关系和财产关系的基础性法律,基于"人是万物的尺度"的"主客二分"哲学,秉持"意思自治、契约自由"理念,建立了以所有权为核心的"我的地盘我做主"制度体系,确立了"风能进、雨能进、国王不能进"的权利与权力边界。此外,在西方法学理论中,民法典属于典型的私法,是个人自治领域;环境保护法属于公法,是公权规制领域。环境问题出现以后,西方发达国家都专门制定环境保护的法律,以公法形式在民法典外部建立了较为完备的环境保护法律制度。

但是,传统民法的内部的确存在人与自然关系高度紧张的问题,这也是引发人类生态环境困境的制度原因。一般而言,民法典通过调整财产关系来解决人与自然资源的关系问题。人是主体,自然是客体,在自然资源日益稀缺而人口迅速增长、欲求无限膨胀的情况下,人与资源关系越发紧张。

在一定意义上，可以说正是因为民法上的绝对所有权、意思自治、个人责任原则，才引发了人类不加节制地开发利用自然资源、污染环境和破坏生态的问题。

因此，中国《民法典》编纂要在其内部建立促进绿色发展、保护生态环境的法律机制，必须直面传统民法的哲学基础、价值理念以及制度体系"天然排斥"环境保护的巨大挑战，找到实现绿色发展理念和美丽中国建设目标向《民法典》规则转化的切实路径。

中国《民法典》编纂过程中，习近平总书记做过多次重要指示批示，其中，《民法典》编纂体现生态文明时代特色、回应人民群众对美好环境的向往是重点之一。习近平生态文明思想植根于中华传统文化，也引领着中国《民法典》编纂工作从中国法律传统中汲取智慧和力量。当我们把目光转向5000年中华文明史，终于找到了在《民法典》内部建立绿色发展机制的"金钥匙"。

人与自然的对立是产生环境问题的根源，本质上是人对自然的态度问题。中国传统文化秉持"天人合一"的自然观，古代思想家们主张将天、地、人作为统一的和谐整体加以考虑，既发挥人的主观能动性，改造和利用自然；又尊重自然界的客观规律，在保护自然资源和生态环境的基础上生产生活，从而建立人与自然共存共荣、和谐发展的关系。

在“天人合一”的自然观下，中国传统文化以“成己成物”作为处理人与物之间关系的基本伦理，这与《民法典》一直坚持的“主客二分”法有很大的不同。古代思想家们看来，“成己成物”也就是“尽己之性，尽人之性，尽物之性”，和使“万物遂其生”的过程。实质是人、我兼顾，人、物兼顾。既不能鼓励人类贪婪地攫取自然资源、破坏生态环境，也不能完全禁止人类开发利用自然资源，使其处于饥寒交迫的境地。因此，人与自然可以实现和谐相处、共生双赢。

中国古代法律中的“取之以时”“取之有度，用之有节”原则，很好体现了“天人合一”的朴素自然观和“成己成物”的基本伦理。中国古代的环境立法中大多有“以时禁发”的规定。比如《秦律·田律》规定，“春二月，毋敢伐材木山林及雍（壅）堤水”，要求获取自然资源必须顺应四季气候变化的法则和动植物生长发育的规律。《大元通制条格》规定，“中都四面各伍佰里地内，除打捕人户依年例合纳皮货的野物打捕外，禁约不以是何人等，不得飞放打捕稚兔”，要求人们获取自然资源必须有一定的限度，要有所节制，禁止破坏性、毁灭性开发。

此外，中国有“诸法合体”的传统，没有私法、公法的区分。比如，《唐律疏议》规定，“其有穿穴垣墙以出秽污之物于街巷，杖六十”，就是以刑法手段禁止污染，保护环境。

将中华民族睿智的自然观纳入《民法典》，形成对“主客二分”所造成的人与自然对立观的限制，以落实宪法确定的“美丽中国”战略目标，回应人民群众对生活在蓝天白云、绿水青山的美好环境中的新需求。为此，《民法典》的“绿色原则”形成了对“所有权绝对、合同自由、自己责任”原则的限制，建立了“所有权有限”“生态有价”“损害担责”的新制度。鼓励和支持社会生产和消费行为的绿色转向，不以牺牲环境为代价换取一时的经济发展，在社会经济生活中作出有利于人与自然和谐相处的选择，充分体现了“环境就是民生，青山就是美丽，蓝天也是幸福，发展经济是为了民生，保护生态环境同样也是为了民生”的生态文明新思想。

《民法典》物权编如何贯彻“两山理论”？

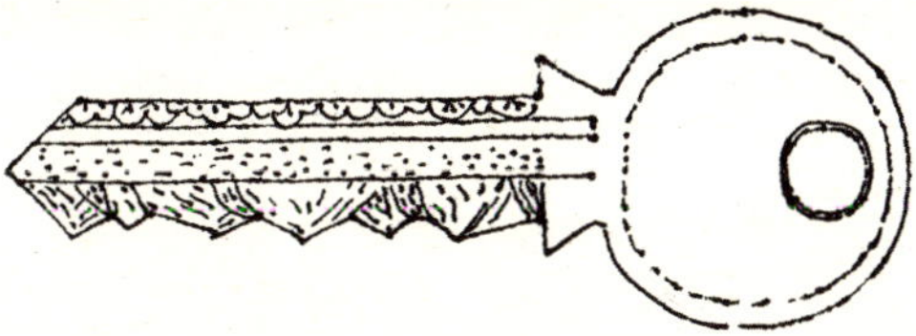

习近平总书记指出:“生态环境没有替代品,用之不觉,失之难存。在生态环境保护建设上,一定要树立大局观、长远观、整体观,坚持保护优先,坚持节约资源和保护环境的基本国策,像保护眼睛一样保护生态环境,像对待生命一样对待生态环境,推动形成绿色发展方式和生活方式。”

生态环境及其构成要素大多是民法上的自然资源,在社会经济生活中表现为“物”或“财产”。民法上,通过“财产权”与人发生关联,表现物权制度。由此,物权编成为《民法典》中与生态环境关系最紧密、影响最直观的“重头戏”。前述内容中,我对物权编涉及生态环境保护的内容进行了梳理,这些被称为“绿色”物权的条款,形成了对生态环境的私益与公益双重保护机制。

民法首先是保护个人利益的法律,保护人民享有在良好环境中生活的权益,是《民法典》以人民为中心的具体体现。《民法典》物权编第 288 ~ 296 条分别就生活中常见的用水、排水、通风、采光、日照及污染物质排放等生活性环境问题作出规定,确立了保护美好生活环境的底线。《民法典》物权编第 274、286、287 条,通过规定建筑物区分所有权及其行使,从小区绿地特别保护、小区公共环境治理、业主合法权益保障请求权三个方面提供小区环境公益保障，构建共有环境共同保护新机制。《民法典》物权编第322、375、378、379条，通过规定添附制度、完善地役权制度，为节约资源、实现物尽其用提供了民法依据。

生态环境是我们当代人和后代人的共同利益，具有明显的公共利益属性。《民法典》为保护环境公益，也作出了专门安排。一方面，《民法典》物权编第209条等确认并扩展宪法有关国有资源的范围，把重要环境要素纳入国有资源范畴，并重申"国家所有即全民所有"，为从全民利益、公众需要角度分配、管理和保护这些重要资源奠定权属根基。另一方面，《民法典》物权编第120、326、346条规定了对用益物权行使的生态环境约束，为环境公益保障提供了反向制度激励。尤其是《民法典》第346条规定"设立建设用地使用权，应当符合节约资源、保护生态环境的要求，遵守法律、行政法规关于土地用途的规定"，具有开创性，意义重大。

这些规定，是对习近平总书记"绿水青山就是金山银山"生态文明思想的贯彻，将"两山理论"转化成为"经济要环保，环保要经济"的行为规范，保障"绿水青山"变成"金山银山"、限制"金山银山"破坏"绿水青山"。

《民法典》秉持“绿水青山就是金山银山”的价值取向，促进民法规范与环境法规范的有机衔接，构建“人与自然生命共同体”法律规则。将以往在民法秩序中仅作为无主物甚或背景性存在的一般资源、整体环境甚至日益稀缺的生态服务拟制为一种“财产”，“借用”物权法相关原理、概念和规则对其进行保护。

《民法典》为生产、生活施加普遍环保约束，限制“金山银山”破坏“绿水青山”。“生态环境问题归根结底是发展方式和生活方式问题”，绿色发展需要通过对生产、生活施加环保约束、形成“倒逼”机制来实现。《民法典》物权编第 326 条和第 346 条把遵守环保要求和用途管制作为合法行使用益物权、设立建设用地使用权的边界范围和前提条件，有助于“加快形成节约资源和保护环境”的生产方式。而《民法典》第 293 条关于建造建筑物不得违反“通风、采光和日照”的相关标准，第 294 条对不动产权利人弃置废物、排放污染物不得违反国家规定的要求，则进一步将环保约束扩展到生活层面。这些规定“把经济活动、人的行为限制在自然资源和生态环境能够承受的限度内”，为“自然生态留下休养生息的时间和空间”。

《民法典》规定重要环境要素公有，分层保护环境权益，确保实现“绿水青山”向“金山银山”的转化。《民法典》物权编确认并扩展宪法有关国有资源的范围，把重要环境要素纳入国有资源范畴，并重申“国家所有即全民所有”，为从全民利益、公众需要角度分配、管理和保护这些重要资源奠定权属根基。《民法典》第325条对自然资源应“有偿使用”的原则性要求则为体现资源价值、保证利用效率、实现惠益共享提供机制保障。在公民个体性和集体性环境权益的确认和保障方面，《民法典》第274条有关小区绿地共有的规定及前述相邻关系条款，都具有重要作用。

如何判断法律上的“物”？

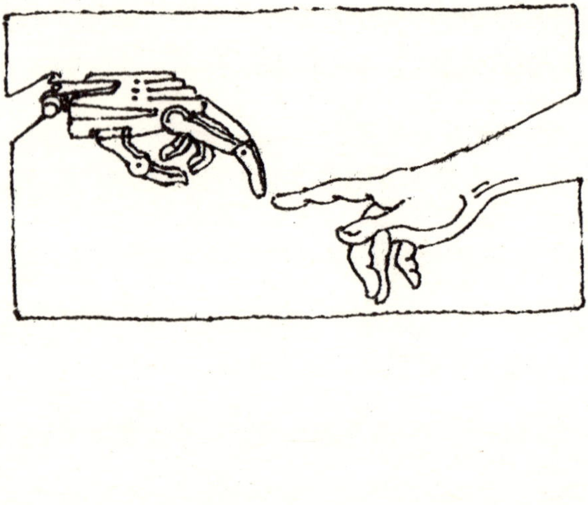

《民法典》物权编的核心是保护人们的财产，但能够受到法律保护的财产必须是合法的。也就是说，只有在财产的取得、财产的使用符合法律规定的情况下，《民法典》才提供保护，法律不保护非法财产。

案例 1：月球土地案

1980 年 11 月 22 日，美国人丹尼斯·霍普向联合国、美国、苏联发布“所有权声明”，声称月球及水星、金星、火星、木星、土星、天王星、海王星、冥王星八大行星及相应卫星归其所有，上述星球的矿藏、水、石油及液体也归其所有。同日，丹尼斯·霍普就其主张向美国旧金山土地管理部门备案，交纳相关费用，在美国内华达州建立了月球大使馆总部及银河系政府，自称月球头人及银河系政府执行官，并在中国设立了月球大使馆，指定李某为月球大使馆大中华区大使，并以北京月球村航天科技发展有限公司的名义对外销售上述星球的土地。北京月球村航天科技发展有限公司首席执行官李某于 2005 年 9 月 5 日及 10 月 5 日，以每英亩 2 美元的价格从美国人丹尼斯·霍普处购进月球土地 7110.32 英亩，金星及火星土地各 2000 英亩。

9月29日，该公司印制月球土地所有权证3000册，自10月14日至28日，以月球土地每英亩人民币298元的价格，共向33人销售48英亩月球土地。

此事经媒体报道后，引起工商部门注意。10月14日，原北京市工商行政管理局朝阳区分局对月球公司进行立案调查；10月28日，朝阳区分局以涉嫌投机倒把为由，暂扣了月球公司的经营执照、财务票据、月球土地所有权证以及一万多元经营款。因不服原北京市工商行政管理局朝阳区分局的行政强制措施，李某于2005年11月14日向北京市朝阳区人民法院提起诉讼。

北京市朝阳区人民法院经审理认为：根据《外层空间条约》，任何国家均不能在月球上设定所有权；月球村公司所谓月球土地所有权在我国没有法律依据，不受保护。李某败诉。

案例2：网络虚拟武器装备案

2003年6月，李某晨以北极冰科技发展有限公司（以下简称北极冰公司）为被告，向北京市朝阳区人民法院起诉称：自己过去两年花费了几千小时的精力和上万元的现金，在一个名叫“红月”的游戏里积累和购买了虚拟“生化武器”几十种，这些装备使他一度在虚拟世界里所向披靡。但有一天，当他再次进入游戏时，却发现自己库里的所有武器装备都不翼而飞了，其中包括自己最心爱的3个头盔、1个战甲和2个毒药等物品。后经查证，这些“装备”被另一个玩家盗走了，李某晨找网络游戏运营商北极冰公司交涉，但该公司却拒绝将盗号者的真实资料交给李某晨。于是，李某晨以侵犯了他的私人财产为由，请求法院判决保护其网络虚拟财产。

法院审理后，判令运营商对李某晨在“红月”已经丢失的虚拟装备生化盾牌1个、生化头盔3件、生化腰带2条、生化战甲1件、生化裤子1条、生化靴子2双、战神甲1件、献祭之石2个、生命水2个进行恢复；返还其购买105张爆吉卡的价款420元，以及交通费等其他经济损失共计1140元。同时李某晨返还运营商人民币20元，等价于105张爆吉卡兑奖获得的60小时在线游戏时间。

这两个案例虽然结果不同，但都涉及一个重要的问题，那就是《民法典》保护的“财产”是什么？

前面讲过，法律上的物，是指存在人体之外，为人力所支配，且能满足人类社会生活需要的有体物。这意味着，法律上的“物”必须同时具备四个条件，即物必须存在于人体之外，必须能够为人力所控制，能够满足人类社会生活的需要，必须是“有体物”。

月球土地不能为人力所支配，也无法用于交易，特别是在中国已参加的相关国际公约中明确规定，月球属于全人类，《民法典》不能为月球土地设定所有权。因此，“月球土地”不属于《民法典》保护的“财产”，法院不予保护。

而网络虚拟武器装备虽然是无形的，且存在于特殊的网络游戏环境中，但并不影响虚拟物品作为无形财产的一种，获得法律上的适当评价和救济。首先，虚拟武器装备具有价值性，可满足人们的娱乐需求并能够用货币加以衡量。其次，虚拟武器装备具有可控性，消费者可通过游戏账号对其进行排他性控制、支配和交易。最后，虚拟武器装备具有稀缺性，功能越强大的武器装备数量越少且获取成本越高。因此，《民法典》第 127 条规定：“法律对数据、网络虚拟财产的保护有规定的，依照其规定。”其为保护数据、网络虚拟财产提供了明确的法律依据。

在中国，“合同”一词是怎么来的？

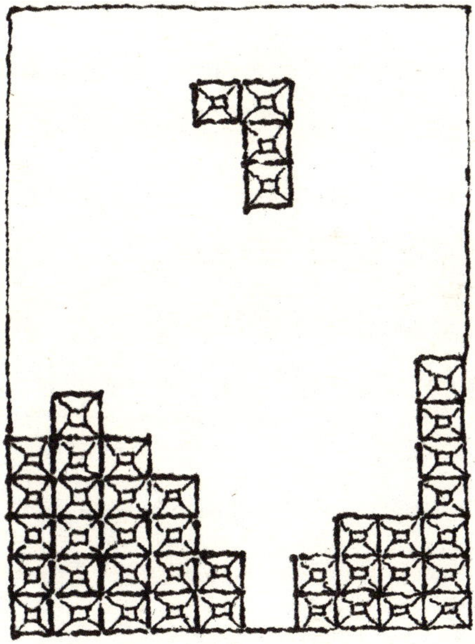

《民法典》第三编为“合同编”,《民法典》第 464 条第 1 款规定:“合同是民事主体之间设立、变更、终止民事法律关系的协议。”经常会有人问我,“合同”一词是怎么来的呢?在中国,还有一个词是“契约”,“契约”就是“合同”吗?

这要从中国古代的“契约”一词说起。在中国,“契”是很早就出现了的词语,后来才将“契约”合用。“契”既指一种协议过程,又指一种协议的结果。《说文解字》的解释是:“契,大约也。”这里的“大约”,是指邦国之间的一种盟约、要约。为了保证这种盟约有效,还要辅之以“书契”。“书契,符书也”,是指用来证明出卖、租赁、借贷、抵押等关系的文书,以及法律条文、案卷、总账、具结等。可见,在中国古代,契约作为一种盟约和约定的媒介或形式已经出现。

经研究发现,记载我国最早契约内容的书籍是西汉辞赋家王褒的《僮约》。最早的契约实物是新疆吐鲁番出土的西晋泰始九年(公元 273 年)一份写在木简上的《翟姜女买棺约》,全文为:“泰始九年二月九日,大女翟姜女从男子栾奴买棺一口,贾(价)练(白绢)廿匹。练即毕,棺即过。若有人名棺者,约当栾奴共了。旁人马男,公知本约。”这份买棺约有时间、当事人双方姓名、交易物的名称、数量、价格、事后纠纷(如有人称棺材是不属于卖主的)的处理办法以及此买卖的旁证人,是一份格式完备的买卖契约。

值得注意的是,这份木简的正面上端有“同”字的右半边。可以推想,这份契约应该还有相同内容的另外一简,上有“同”的左半边。买卖双方各持一简,合起来则为一完整的“同”,这就是“合同”的来由。因此,“契约”又可称为“合同”。

还有一种说法,古代君主传达命令或征调军队需要一种信物作为凭证,这种凭证称为“兵符”。兵符由多种材料制成,但共同特性是将一只“符”剖为两半,右半边在君主手上,左半边发给地方官吏或统兵将帅。调发军队时,须有使臣持符,两符相合,方能发兵。历史上,曾经出现过“虎符”“龟符”“鱼符”“兔符”等多种形状的铜铸符。在唐代,武则天改用“鱼符”。鱼符分左右两半,中缝处刻有“合同”二字,每半边符上都有半边字,合在一起才见完整的“合同”两字,所以又称此符为“合同”。后来,将这种方式用在签订契约上,一式两份,中缝盖章,双方各持一份凭据。这种凭证统称为“合同”。

可见,在中国古代,“合同”是验证契约的一种标记,就像我们今天依然使用的押缝标志，本身并不是当事人之间的协议。但因为这种标志具有特定含义，逐渐成为“协议”的指称，有人便将“契约”与“合同”混用，相互指代，并逐渐被人们所接受。《周礼·秋官·朝士》记载：“凡有责者，有判书以治则听。”唐代贾公彦将其注解为：“云判，半分而合者，即质剂、傅别、分支合同，两家各得其一者也。”元代无名氏《合同文字》楔子：“一应家私财产，不曾分另，今立合同文书二纸，各执一纸为照。”清代翟灏的《通俗编·货财》：“今人产业买卖，多于契背上作一手大字，而于字中央破之，谓之合同文契。商贾交易，则直言合同而不言契。其制度称谓，由来俱甚古矣。”

中华人民共和国成立之前，立法、法学著述和习惯称谓基本上都使用“契约”一词，我国台湾地区至今仍然沿用。1949 年以后，大陆的法律文件经历了将“契约”“合同”交叉使用甚至并用到只使用“合同”的过程。如 1950 年 9 月原政务院财政经济委员会《关于机关、国营企业、合作社签订合同契约暂行办法》（已失效）第 2 条规定，“凡机关、国营企业、合作社之间有主要业务行为不能即时清结者……必须签订合同”，但其第 3 条为：“机关、国营企业、合作社向银行申请贷款时，应具备经上级机关或主管机关批准之事业计划及财务计划，并须签订契约。"可见，当时"合同"与"契约"是混用的。20 世纪 50 年代中期以后，"契约"为"合同"所逐渐取代。目前，能见到的我国立法文件中最后一次使用"契约"，是 1957 年 4 月拟成的《买卖契约第六次草稿》，也是 20 世纪 50 年代民法典草案的重要组成部分。20 世纪 70 年代以后，"合同"一词在我国得到广泛的承认与运用，"契约"在立法文件中不再出现，"合同"成为通用概念。

但是，因为"契约"是各国民法典使用较多的一个词，在学者们学术研究中，现在也还会使用"契约"一词，并且经常与"合同"通用。日常生活中，也有习惯使用"契约"一词的现象，如人们习惯说"地契""房契"等，这种说法实际上也是作为"合同"的同义语在使用。

关于"合同"与"契约"在西方民法典中的差异，以及与中国的不同之处，将在后续文章中与大家分享。

西方国家的“契约”与“合同”

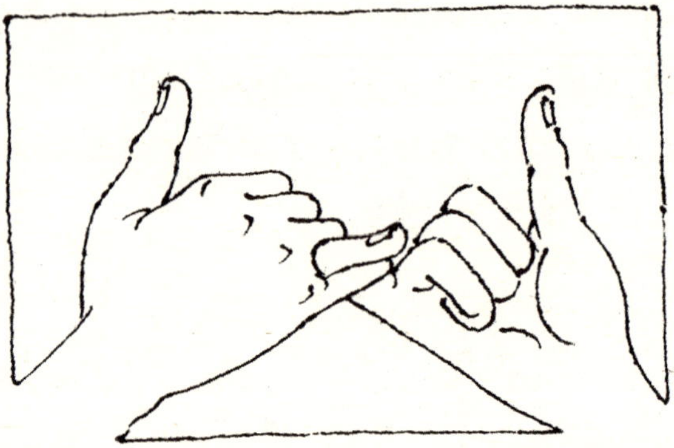

上一篇小文，与大家分享了“合同”一词在中国的来源，“合同”与“契约”的词义关系以及现在的用法。因为《民法典》中的“合同”一词，借鉴了西方国家民法典的“契约”含义，所以，有必要讲讲西方国家的“契约”与“合同”。

“契约”一词源于拉丁文“*contractu*”，原意为交易。英文为“contract”，中文将其翻译为契约或者合约。契约作为一种商业手段，被广泛地应用于社会经济生活的方方面面。

古罗马时期，契约就受到人们的重视。由于当时商品交换还不够发达，也没有成文法，法律实际上是人们在日常生活中逐渐形成的一些被普遍接受的交易习惯，因此，特别重视契约的严格程式和固定套语，完成了这些形式就达成了契约，交易行为才有效。比如，早期罗马法有一种契约叫“耐克逊”，又被称为“铜和天平”方式，要求是有铜、天平和五名证人以及一套固定的语言。在进行物的所有权转移交易时，当事人、司秤人和五个证人都必须到场，买主一面抓住要买的物品，一面说，“这个东西是我花了天平上的这些铜买来的”，说罢把铜块放到天平上，契约即告有效成立。到后来，古罗马法将这种形式以法律方式确定下来，规定“凡依‘要式现金借贷'或'要式买卖'的方式缔结契约的,其所用的法定语言就是当事人的法律"。这意味着不履行规定的程式或错念了套语都将导致契约无效。罗马法的这种程式化要求体现了古代各国契约制度的典型特征。

马克思在《资本论》第一卷第三章"货币或商品流通"的注释中谈道:野蛮人和半野蛮人以另外的方式使用舌头。例如帕里船长在谈到巴芬湾西岸居民的情况时说:"在这种场合下(在交换产品时)……他们用舌头舔它(要换给他们的物品)两次,这才表示交易已经顺利完成。"东部爱斯基摩人也总是用舌头舔他们换得的物品。既然在北方把舌头当作占有的器官,那么,在南方把肚子当作积累财富的器官就不足为奇了,卡弗尔人就是拿肚子的大小来衡量一个人的财富的。所以,在古罗马法和其他早期的法律中,只有遵从特定的形式,合同才有效。同时,古代人将契约看成是信物形式,通过特定形式,契约有效,当事人便不得违反,这种将交易行为与道德观念、风俗习惯、宗教礼仪密切联系的方式,也产生了后人所称的"契约精神"。

随着罗马法的发展,逐步产生了现代意义上的"契约","其缔结既不需要文书,也不需要当事人在场;此外,也没有必要给予某物，只需进行法律行为的当事人同意即可”。这些规定使商品交换从烦琐的形式中解脱出来，并成为现代契约自由观念的历史渊源。

13世纪至15世纪的法国，在商业领域也广泛地使用契约。15世纪中叶，法国最著名的麦第奇银行已有使用契约的专门技术。麦第奇银行既签订过许多设置分行的契约，详细载明了合伙人的资本股份、分行经理的报酬、业务范围的限制，以及有资格处理所有有关纠纷的法庭；也签订了贷款契约，还有为了对付逃避对高利贷的查禁而伪装成贷款的许多契约。这些契约体现了高超的拟订契约的技术能力和水平。

《法国民法典》规定：“契约为一种合意，依此合意，一人或数人对于其他一人或数人负担给付、作为或不作为的债务。”该规定确认了契约是市场交易双方或多方之间，基于各自的利益要求所达成的一种协议。订立契约的各方自主自愿，订立契约的目的是满足各自的需要。以后各国民法典基本上都沿用了这个定义。

在英文中，还有另外一个词“agreement”可以表达“协议”的含义。德国学者孔茨（KunZe）于1892年提出，“agreement”是共同行为;“contract”是双方法律行为。这一观点为一些民法学者所接受并运用于民法典的相关解释中。我国台湾地区一些学者也以这种观点来区分合同与契约:合同是二人以上具有同一内容、同一意义的意思表示达成一致所产生的具有私法效果的行为;契约是两个以上的具有不同方向的意思表示达成一致的行为。在这种观点下,“合同”与“契约”的基本区别是意思表示的方向不同。

现在,中国大陆在法律上统一使用“合同”一词,“contract”“agreement”都翻译成“协议”“合同”。也有学者用“契约”“合同”来表示其区别。

通过简要梳理西方国家“契约”的发展史可以看出,古罗马时期的“契约”和中国古代的“合同”是一种“符”或者“骑缝标示”,非常相似。到后来,才形成“合意”的实质意义,形成现代“契约”制度;并有“contract”“agreement”之分。

还需要多说一句的是,“契约”在西方是一个远远超出民法的概念,在法律上有“私法契约”“公法契约”之分。比如我们熟知的“社会契约论”,就是将国家看作人民与政府之间的“契约”。此外,西方经济学理论中也广泛地研究“契约”，比如有一个专门研究契约的学术流派——契约经济学，致力于通过特定契约解决信息不对称问题。

所谓契约精神是指存在于商品经济社会，而由此派生的契约关系与内在的原则，是一种自由、平等、守信的精神。

合同法的价值是促进财产流转

“法律倾向于使财产流转而不是积聚”是一条法谚，它用 15 个字展示了合同的价值与立法意义，对于我们学习《民法典》合同编、理解合同立法的目标追求非常有帮助。

前面讲到，无论是中国的“合同”还是西方的“契约”，本质上都是随着社会分工的出现而逐渐形成的一种陌生人之间的交易方式。我们知道，人类社会的第一次大分工是农业与畜牧业的分离，给社会带来了很多变化，由于各部落间以及部落内不同的产品不尽相同，为经常性交换创造了条件。刚开始时，这种不同产品的交易主要在熟人间进行，如铁匠负责打造锄头、镰刀等农具和箭头、铁叉等猎具，农户生产粮食，猎户打猎，因为他们之间都是熟人，可以用粮食、猎物换农具、猎具，也可以先拿走农具、猎具，待打下粮食或猎物后再给铁匠，这种以物易物的简单交易，无需特别形式。随着生产力的不断提高，粮食、猎物除了换取农具、猎具以外还有剩余；铁匠也不满足于只打造农具、猎具……

随着产品越来越丰富，交易范围越来越大，熟人交易变得越来越不可能，陌生人之间的交易却越来越多。为了保证陌生人之间的交易成功，人们创造了各种具有强烈仪式感或形式感的交易方式，无论是中国古代的“鱼符”，还是古罗马的“铜和天平”,目的都在于通过一定形式让陌生人信守承诺,实现财产流转的目的。最初,国家就是将这些交易习惯记载下来变成法律,要求所有人都予以遵守;如果有人不守信或者违约,就是违法,不仅得不到应得的财富,还要付出更大的代价。

随着市场经济的逐渐发展和人们生活水平的不断提高,财产交易量极大增加,交易范围从国内到国际,交易方式从简单变得极为复杂。今天的合同,既有“一手交钱,一手交货”的及时清结方式,也有“既不见人,也不见物”的股权交易,还有“一次签订,三十年不变”的长期供应合同,更有“我上网订货,他人买单”的电子商务……交易的形式千姿百态,交易的产品千变万化,“合同”也从一种仪式、规程发展成为具有丰富内容的法律制度,在各国民法典中居于重要位置,发挥着促进财产流转的主要制度功能。

我们看到,中国《民法典》在总则编中规定了民事主体的资格,在物权编中明确了财产归属,到合同编就是为了让民事主体间通过“订立合同”“履行合同”来保障财产的流转,以实现通过市场交易配置资源的目的。在这个意义上,我们说,市场经济的本质是契约经济,合同是市场经济的核心“纽带”和“桥梁”。

市场经济中的财产流转关系是一人(或组织)向另一人(或组织)转移而发生的商品(劳务)交换关系。市场主体之间发生的买卖、借贷、租赁、委托、信托、保管、居间、承揽、运输、承包、投资、合伙等都是财产流转的方式,即市场主体通过缔结和履行合同来完成交易,甚至可以说,离开了合同,市场就难以运转。合同制度是交易规则,如合同的订立、履行、效力、违约责任等,使合同成为商品(劳务)交换的法律形式,目的在于保护财产流动的安全。

通过不断发展和完善的合同制度,市场经济下的各种交易活动以合同形式,建立、变更或终止权利义务关系,进行商品、劳务的交换以及其他财产流转,形成稳定的市场交易秩序。

“合同是当事人之间的法律”,合同一旦订立,必须信守。如果有人违反合同约定,法律赋予了当事人重新协商的权利,也赋予了当事人向司法机关请求解除合同、承担违约责任的权利。司法机关将以国家权力方式对违约者作出否定性评价,并判令其承担不利法律后果。

《民法典》合同编就是这样一种制度安排,通过明确交易规则、确定交易效力来保障交易安全，使守约者可以放心地把自己的产品与陌生人进行交换，只要按照交易规则行事，便可以得到预期的经济利益；与此同时，也让违约者不仅得不到经济利益，还要通过承担违约责任的方式弥补给对方当事人造成的利益损失。通过这些法律规范，鼓励财产流转，充分发挥市场对于资源配置的基础性作用，为市场经济不断注入新活力。

《民法典》合同编通则都规定了些什么？

《民法典》合同编通则共 8 章 132 条，包括一般规定、合同的订立、合同的效力、合同的履行、合同的保全、合同的变更和转让、合同的权利义务终止、违约责任等合同基本制度，对合同的一般性问题作了全面、系统的规定。

《民法典》合同编通则认真总结和吸收原《合同法》实施 20 年来的司法实践经验，以问题为导向，在原《合同法》总则的基础上对体例结构、具体规则等都作了进一步修改完善。

《民法典》合同编通则与《民法典》总则编相协调

《民法典》总则编在整个《民法典》中起统领性作用，《民法典》合同编通则从几个方面与《民法典》总则编进行了衔接：

第一，落实《民法典》总则编的有关规定。如《民法典》总则编将诚信原则作为民法的基本原则，合同编将诚信原则贯穿到合同的各个环节。《民法典》第 500 条规定，在订立合同过程中，有违背诚信原则的行为，造成对方损失的，应当承担赔偿责任。《民法典》第 509 条规定，在履行合同过程中，当事人应当遵循诚信等原则。再如，《民法典》规定了“民事主体从事民事活动，应当有利于节约资源、保护生态环境”的“绿色原则”。《民法典》合同编将绿色原则落实到合同制度中。《民法典》第 509 条第 3 款规定，当事人在履行合同过程中，应当避免浪费资源、污染环境和破坏生态。

第二，《民法典》合同编通则删除了与《民法典》总则编重复、冲突的内容。如合同编通则删除了原《合同法》第一章对平等、自愿、公平、诚信、守法和不得损害社会公共利益等原则的规定。因为这些内容在《民法典》总则编第 4 条至第 8 条已经作了规定，合同编没有必要再重复。又如《民法典》合同编通则删去了合同法关于合同效力的大量规定。因为《民法典》总则编对民事法律行为的效力等已经作出规定，所以合同编通则没有必要再作重复性规定。

第三，《民法典》合同编通则第二章关于合同的订立的有关规则，对《民法典》总则编的相关内容进行了指引性规定。如《民法典》总则编第 137 条对意思表示的生效时间所作的规定、第 141 条对意思表示的撤回规则所作的规定，均适用于合同的要约、承诺。但是，因为《民法典》合同编中要约、承诺规则体系较为复杂，从有利于理解与适用制度的角度，有必要保持要约、承诺规则体系的完整，因此，合同编通则在将要约和承诺的生效时间、撤回规则删除的同时，采用了指引性表述，直接指引到《民法典》总则编第137条对意思表示的生效时间的规定、第141条对意思表示撤回规则的规定。

补充完善债法的一般性规则，使《民法典》合同编通则尽可能发挥债法总则的作用

由于《民法典》没有债法总则，但又需要对债作出一般规定，因此，在《民法典》合同编通则中作出了一些关于债的规定，使其能够发挥债法总则的作用。

《民法典》合同编通则规定了非合同之债的法律适用规则。《民法典》第468条规定："非因合同产生的债权债务关系，适用有关该债权债务关系的法律规定；没有规定的，适用本编通则的有关规定，但是根据其性质不能适用的除外。"

此外，《民法典》合同编通则中还增加了不少债法的一般性规则。如《民法典》第515～521条对选择之债、按份之债、连带之债都作了规定。

根据司法实践发展，完善了合同基本制度

为了满足实践需求，《民法典》合同编通则每一章均对

原《合同法》总则的规定作了相应修改完善。

如在合同编通则第二章合同的订立中，为适应电子商务和数字经济快速发展的需要，规范电子交易行为，对电子合同订立、履行的特殊规则作了规定。又如，为加大对弱势合同当事人一方的保护，完善了格式条款制度，对霸王条款"说不"等。再如，在合同编通则第七章合同的权利义务终止中，增加规定债务清偿抵充规则，完善合同解除制度、抵销制度、提存制度。还如，在合同编通则第八章违约责任中，补充完善定金规则，增加非违约方有过错情形下的损害减轻规则等。还如，将合同编通则中能够适用于非合同之债的具体规则尽量通过措辞予以明确指示。对可适用于所有债的类型的共同规则，条文中尽量不使用"合同""合同权利""合同义务"的表述，而是采用"债""债权""债务"的表述，而就合同的订立、效力和解除等仅能适用于合同之债的规则仍然使用"合同"的表述。

这些修改和完善，使得《民法典》合同编通则能够更好适应市场经济体制运行的需要，也为司法实践提供了更加清晰、明确的法律依据。

《民法典》合同编中的“绿色义务”

《民法典》第 9 条规定了“民事主体从事民事活动，应当有利于节约资源、保护生态环境”的“绿色原则”，这一原则在合同编中也得到了贯彻。

日常生活中，我们购买的商品大多使用塑料包装。塑料是人工合成物，在自然界中无法降解，容易造成“白色污染”。近年来，国家曾多次发布限塑令，出台禁止使用塑料包装物的政策，但成效不彰。

《民法典》合同编第九章“买卖合同”第 619 条规定：“出卖人应当按照约定的包装方式交付标的物。对包装方式没有约定或者约定不明确，依据本法第五百一十条的规定仍不能确定的，应当按照通用的方式包装；没有通用方式的，应当采取足以保护标的物且有利于节约资源、保护生态环境的包装方式。”这是我国首次在民法中明确规定商品包装方式的绿色要求，宣示意义重大。

旧物回收是节约资源、保护环境的有效方法，也是贯彻绿色原则的具体措施。《民法典》合同编第九章“买卖合同”第 625 条，增加了出卖人的标的物回收义务。以合同制度规定出卖人的回收义务，用私法责任方式规制经营者，有利于节约资源、综合利用政策的落实。

电的一个重要特征是一次性消耗，其决定了电力资源无法“回收”，但节约用电不但有利于保障电力的持续供应，而且可以减少能源消耗。《民法典》合同编第十章“供用电、水、气、热力合同”第 655 条，增加了用电人的“节约和计划用电”义务规定，要求用电人遵守国家有关限电、计划用电的政策规定，在用电过程中合理用电，避免浪费。违反节约和计划用电义务，如不遵守国家有关节电的规定，采用高耗电的方式进行生产的，用电人将承担相应的损害赔偿责任。

以上这些规定都是《民法典》合同编贯彻“绿色原则”的具体规定。总体上，《民法典》合同编在合同法的基础上规定了 60 个与生态环境保护有关的条款，为合同领域植入了绿色要素，主要包括两个方面的内容：一是合同履行的绿色义务，明确应避免浪费资源、污染环境和破坏生态；二是债权行使的绿色义务，包括债权债务终止后的旧物回收义务，出卖人的回收义务等。这些被称为“合同绿色义务”的规定，不仅对经济交易活动提出了绿色要求，也对生态文明的时代需求作出了回应；而且对于个人的消费行为、社会生活都会产生影响。在学习《民法典》过程中，应高度注意。

合同绿色义务可以法定义务方式实现。《民法典》合同编的绿色条款确认了合同绿色义务，并以未约定义务方式建立了合同绿色义务的依法强制通道。这意味着在合同履行过程中以及合同终止后，当事人可以依据《民法典》合同编的绿色条款请求对方当事人承担相应的绿色义务，包括履行中的附随义务、绿色包装义务以及合同终止后的旧物回收义务；在当事人对义务的内容、范围和程度产生争议而起诉时，司法机关也有义务依据绿色条款，结合具体案情对绿色义务作出界定，明确当事人的具体义务以及因义务不履行导致的责任。

合同绿色义务也可以经过当事人约定而成为约定义务。合同绿色义务的法定性质并不排除其可以通过当事人的约定来实现。事实上，由当事人约定合同履行过程中的环境保护义务、绿色包装义务以及合同终止后的旧物回收义务，更有利于绿色义务的明确化，可以更好实现《民法典》合同编绿色条款的制度目标。合同法的意思自治本质也更适宜用引导的方式实现特定目标，合同中约定绿色义务也更契合合同法的调整方式。

为什么专门规定供用电、水、气、热力合同？

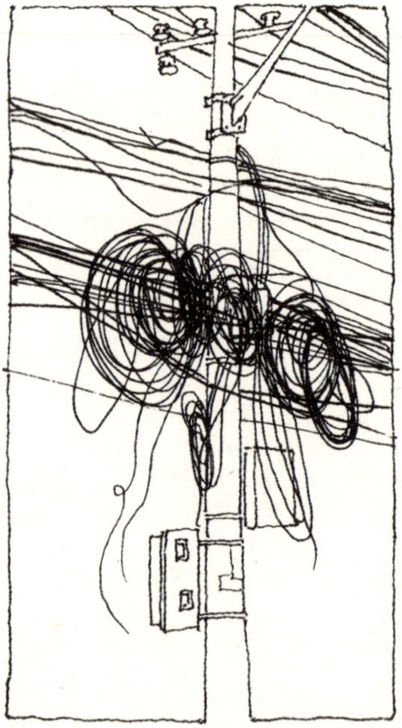

日常生活中,人们都要用电、用水、用气;北方地区冬天集中供暖,每个家庭也都会使用热力。我们需要向电力公司、自来水公司、天然气公司、供暖公司缴纳费用,然后才能获得相应的商品。这样一来,用电、用水、用气、用热人与供电、供水、供气、供暖人之间形成了合同关系。从本质上看,使用者缴费、供应者输送,是一种买卖关系。但是,《民法典》合同编在典型合同中,专门把“供用电、水、气、热力合同”作为一种典型合同,而没有将其放在买卖合同中,这是为什么呢?

在法律上,供用电、水、气、热力合同,是当事人约定,一方在一定期限内供给一定品质和数量的电、水、气、热力于他方,而由他方给付价金的连续供给买卖合同。这类合同与一般买卖合同有很多不同之处。

首先,供用电、水、气、热力合同,都是持续供给合同。这类合同的标的,即电、水、气、热力,既是经济社会发展所需要的重要能源,也是一种特殊的商品。供应方都是特殊主体,必须是依法取得特定营业资格的企业。电、水、气、热力在现代社会生活中,已经成为必需品,使用方具有普遍性,既可能是自然人、普通家庭,也可能是法人、非法人组织。供应者与使用者在数量上的巨大差异，导致供应主体具有垄断地位，因此，法律必须对供应者进行必要的限制，以防止其利用垄断地位侵害使用人的合法权益。

其次，供用电、水、气、热力合同的履行方式具有特殊性。除了部分充电、储电设备和蓄水设施外，对使用人而言，电、水、气、热力都无法大量保存。因此，在这类合同的履行中，电、水、气、热力的交付与用户的使用同时进行、同时完成。也就是说，只有供应人依据合同不断交付电、水、气、热力，使用人才能依据合同边占有、边消耗；供应方一旦停止交付，使用人的占有和使用也立即停止。因此，与一般买卖合同相比，供用电、水、气、热力合同的履行方式不是一次性的，而是持续的。

最后，供用电、水、气、热力合同具有公益性。供用电、水、气、热力企业不是纯粹的以营利为目的的企业，而是以满足生活消耗、生产经营活动对电、水、气、热力的需求为目的而设立的企业。虽然供应企业在合同履行中可能获取利益，但这类合同订立不是为了让供应企业营利，而是为了满足人民生活和生产的基本需求，具有鲜明的公益性。因此，供用电、水、气、热力合同与一般买卖合同不同，兼具买卖合同和公共服务合同性质。国家必须对这类合同的订立、解除及价格进行严格限制,供应人不得随意拒绝订立、中止、解除合同或提高价格。

电、水、气、热力供应是具有社会公益性的民事活动,供应人与使用人应当根据平等自愿、协商一致原则签订合同。但由于使用人的广泛性、普遍性、不特定性,要求供应人与每一个使用人分别磋商订立合同,对供应人来说成本过高。且由于供应合同的特殊性质,合同主要条款均由国家统一规定,而不能由供应人和使用人自由协商确定。因此,供用电、水、气、热力合同一般是由供应人按照有关规定进行拟定的格式合同,使用人有选择订立或不订立合同的权利,但一般不得对合同条款进行变更。

由于日常生活中,用电是广泛的活动,因此,《民法典》对供用电合同作了详细规定。同时规定,供用水、气、热力合同参照适用供用电合同的规定。这里以供用电合同为例,看看《民法典》规定在供用电合同中,我们都有哪些权利和义务。

第一,供用电合同是供电人向用电人供电,用电人支付电费的合同。向社会公众供电的供电人,不得拒绝用电人合理的订立合同要求。

第二,供用电合同的内容一般包括供电的方式、质量、时间,用电容量、地址、性质,计量方式,电价、电费的结算方式,供用电设施的维护责任等条款。

第三,供用电合同的履行地点,按照当事人约定;当事人没有约定或者约定不明确的,供电设施的产权分界处为履行地点。

第四,供电人的义务。首先,应当按照国家规定的供电质量标准和约定安全供电。供电人未按照国家规定的供电质量标准和约定安全供电,造成用电人损失的,应当承担赔偿责任。其次,供电人因供电设施计划检修、临时检修、依法限电或者用电人违法用电等原因,需要中断供电时,应当按照国家有关规定事先通知用电人;未事先通知用电人中断供电,造成用电人损失的,应当承担赔偿责任。最后,因自然灾害等原因断电,供电人应当按照国家有关规定及时抢修;未及时抢修,造成用电人损失的,应当承担赔偿责任。

第五,用电人的义务。首先,用电人应当按照国家有关规定和当事人的约定及时支付电费。用电人逾期不支付电费的,应当按照约定支付违约金。经催告用电人在合理期限内仍不支付电费和违约金的，供电人可以按照国家规定的程序中止供电。供电人依法中止供电的，应当事先通知用电人。其次，用电人应当按照国家有关规定和当事人的约定安全、节约和计划用电。用电人未按照国家有关规定和当事人的约定用电，造成供电人损失的，应当承担赔偿责任。

保理及保理合同

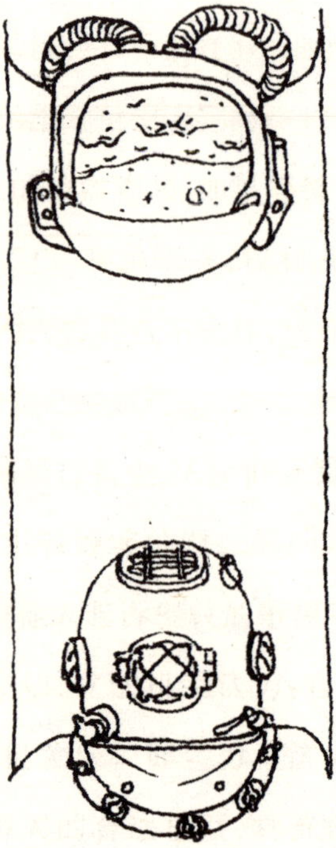

《民法典》合同编新增加了一种典型合同——保理合同。《民法典》第761条规定："保理合同是应收账款债权人将现有的或者将有的应收账款转让给保理人，保理人提供资金融通、应收账款管理或者催收、应收账款债务人付款担保等服务的合同。"我们只有很好地理解了保理业务，才能更好地理解和运用保理合同。

日常生活中，我们可能听说过，有企业将自己的应收账款转让给银行或者某专业公司，银行或公司可以为企业提供融资，也可以为企业催收和管理应收账款。这种业务，在法律上称为"保理"。

现代保理业务从出口代理交易方式演变而来，起源于14世纪英国毛纺工业。当时，英国毛纺织品在寄售基础上委托专业代理商代销。这些代理商向国外买主出售商品，同时向出口商担保买主的商业信用，是当时交通不便情况下进行国际交易的必要方式。到18世纪，美国的一些代理商逐步以其高效率和雄厚资金掌控了为扩大其国内市场所需要的应收账款管理工作。其地位也逐步由代理人演变为独立的经济实体——保理商。保理商根据保理合同专门为有关商业企业提供信贷和信用管理服务。经过不断发展，现代保理商已能提供“一揽子”服务，包括向卖方提供买方资信调查，100%货款商业风险担保，应收账款管理和资金融通等。

“保理”一词英文为“factoring”。一般被认为是以现金方式买入一段时期内卖方对买方的应收账款，进行管理和催收，并承担买方无法给付货款风险的一种营业方式，其本质是为赊销贸易的当事人尤其是卖方提供融资的一种经营活动——民间戏称“羊毛出在猪身上”。这项业务在向亚洲国家和地区的传播过程中，由于使用中文地区关于保理服务内容侧重不一及运作程序存在一定差异，“保理”一词的中文译名也不同，比如新加坡译为“客账融资”或音译为“发达令”，我国香港特别行政区译为“销售保管服务”，我国台湾地区译为“应收账款管理服务”“应收账款承购业务”“账务代理”。在20世纪90年代初，我国内地（大陆）商业银行引进保理业务，“保理”曾被称为“客账受让”“代理融通”“应收账款权益售与”“销售包理”“包理”“保付代理”等。1991年4月底，应国际保理人联合会（FCI）邀请，中国对外经济贸易部计算中心（现商务部国际贸易经济合作研究院）和中国银行组织联合考察组，赴荷兰、德国和英国考察国际保理业务。经考察组集体研究决定，正式向FCI发函确认，将

“Factoring”一词的中文译名确定为“保理”，从此中文“保理”一词被全球广泛使用。

在实践中，我国开展保理业务的主体主要有两类：银行保理业务和商业保理业务。我国银行保理业务以1993年中国银行加入国际保理人联合会为标志，正式揭开了中国银行业保理业务的序幕，后来各大商业银行先后入会并开办保理业务。经过20多年的发展，银行保理业务作为应收账款融资的主要手段，在盘活企业存量资产、解决中小企业融资难等问题上发挥了日益重要的作用。我国的商业保理业务自2012年6月开展试点工作以来，发展非常迅速。据统计，截至2020年6月末，我国已注册商业保理企业14,516家，业务总量已经跻身世界前列。2019年6月，国际保理人联合会第51届年会发布的《2018全球保理年鉴》介绍，中国保理业务量持续保持世界第一，达4115.37亿欧元。

《民法典》颁布之前，保理合同不是合同法规定的有名合同。随着供应链金融的发展，保理业务在我国蓬勃发展，迫切需要对保理业务在法律上进行规范。因此，《民法典》合同编第十六章专章规定“保理合同”，设置9个条文，对保理的定义、虚构应收账款、保理人对债务人的通知、有追索权的保理、无追索权的保理以及应收账款的多重让与问题等进行了规定。至此，保理合同从无名合同进入有名合同的行列。

根据《民法典》第 761 条规定，保理人可以承担多种职责，主要包括：提供资金融通、应收账款管理或者催收、应收账款债务人付款担保。

第一，提供资金融通。保理人向应收账款债权人支付一定资金，并从债权人处受让应收账款债权，这对原债权人而言，是一种资金融通，解决了原债权人流动资金短缺的问题。

第二，应收账款管理或者催收。保理人可以根据债权人的要求，定期向债权人提供应收账款的回收情况、逾期账款情况、账龄分析等，发送各类对账单，协助债权人进行应收账款管理；保理人有专业的催收人员，他们会根据应收账款逾期的时间采取有理、有力、有节的手段，协助债权人安全地回收账款。

第三，应收账款债务人付款担保。在无追索权保理业务中，保理人向应收账款债权人买进应收账款后，由保理人承担应收账款债务人债务不履行的风险。也就是说，在债权存在的前提下，保理人必须承担应收账款债务人延迟付款、无能力付款或不愿意付款等后果，并且不得再向应收账款债权人要求付款。

保理合同的具体规则，还需要我们在学习《民法典》过程中深刻领会并在实践中运用。

《民法典》对“霸座”行为说“不”！

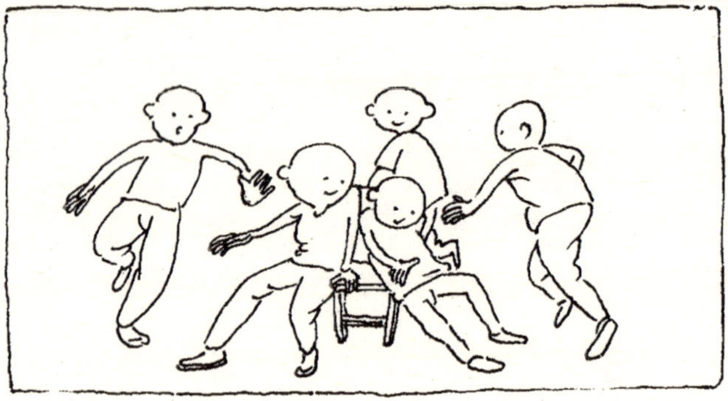

近年来，中国的高铁飞速发展，高铁给我们带来了安全、快速、舒适的出行体验，越来越多的人更加愿意选择高铁出行。但是，在高铁上遭遇“霸座”者，成为不少人的烦心事，社会舆论也高度关注。

2018 年 8 月 21 日上午，在山东开往北京的 G334 次高铁上，一个中年男子霸占了一名女学生的座位，不仅不把座位还给女学生，而且态度傲慢地躺在座位上声称：“谁规定一定要按号入座？要么你自己站着，要么去坐我那个座位，要么自己去餐车坐。”无奈之下，女学生找到乘务员，乘务员劝告无效后找来了乘车长和乘警，但该男子依然无动于衷，直到列车到达终点都没有起身。

无独有偶，2018 年 9 月 19 日，永州到深圳北的 G6078 次列车上，一位女乘客上车后执意坐在靠窗的他人位置上。座位靠窗的乘客只好向乘警投诉，无论乘警怎么与其沟通，这名女乘客就是不肯回到自己的座位上。女乘客的理由是：“谁规定 10D 是坐过道座位的啊，椅子上又没写。”女子提出，要在座位上写有 10D 才承认。

这两起高铁“霸座”事件，因有人将视频发到网络上，引起了社会的广泛关注，也引发了大家的热烈讨论。其实，

“霸座”行为不仅发生在高铁上，普通列车、飞机、轮船、公共汽车上也都时常会出现。

从法律上看，“霸座”行为蕴含多重法律关系。以高铁为例，首先，乘客与铁路公司之间通过购票，订立了客运合同。“对号入座”是乘客应该履行的合同义务，霸座者不按约定乘坐，是违约行为。此外，霸座者霸占他人座位，侵犯了被霸座人的使用权，使被霸座人购买了车票而不能“落座”，是一种侵权行为。铁路公司作为运输合同的一方当事人，有义务维护正常的运输秩序，劝告霸座人“让座”。

《民法典》第 815 条第 1 款规定：“旅客应当按照有效客票记载的时间、班次和座位号乘坐。旅客无票乘坐、超程乘坐、越级乘坐或者持不符合减价条件的优惠客票乘坐的，应当补交票款，承运人可以按照规定加收票款；旅客不支付票款的，承运人可以拒绝运输。”

这一规定与原《合同法》相比，专门增加了“座位号”这一关键词，从法律的角度对占座行为进行了定性。旅客应当按照有效客票记载的时间、班次和座位号乘坐。乘客无票、超过客票区间乘车、买低等级车票乘坐高等级座位等行为，已被明确视作乘客违约。

对于被“霸座”的乘客来说，其在铁路总公司购买车票后，实际上与铁路总公司形成了运输合同法律关系，铁路总公司有义务按照合同约定为乘客提供服务，持票乘客理应坐在自己的座位上，否则铁路总公司构成违约，持票乘客可以向法院提起民事诉讼。

而对于承运人来说，如果“霸座”人没有按照有效客票记载的座位号乘坐，便属于违反客运合同约定的行为，承运人可以拒绝运输。同时，由乘警出面进行劝离，在无法劝离时，乘警应该依《治安管理处罚法》第 23 条第 1 款第 3 项的规定对“霸座”者进行行政处罚并强制“霸座”者归还座位。

《民法典》明确规定旅客应该对号入座，从立法的层面将该问题写进合同的约定，体现了法治精神，更体现了诚信、友善等社会主义核心价值观。一方面，以立法约束行为，倒逼乘客遵守相关规定，可以减少类似行为的发生。对于失去自律、突破道德底线的人，必须要有法律来惩处，让法律长出牙齿，让违法人付出代价。另一方面，也树立了法律信仰，维护了法律权威，保护了其他乘客的权益。同时，针对以前执法人员大多只能进行口头劝导的情形，《民法典》给了执法人员“底气”，其可以理直气壮地执法。

在世界范围内，“霸座”行为也是许多国家高度重视的现象，不少国家有法律规定和治理之策。在美国，“霸座”行为可能面临“牢狱之灾”；在德国，如果因“霸座”引发出警，会被记入个人信用档案，可能影响行为人的求职、购物分期付款、购房贷款等；在日本，对于妨碍铁路运营安全的“霸座”行为，可处以2万日元（约1000元人民币）以下的罚款。

因此，我们每个人作为旅客出行时，都要严格履行客运合同，自觉遵守运输秩序，对号入座，做守法公民，不做“霸座”者！

法律上的“人格”与“人格权”都是什么？

人格权关乎每个人的人格尊严，是公民享有的基本民事权利。但是，民法中的人格权是较晚出现的一个制度。在此之前，有一个与人有关的概念——“人格”。因此，学习《民法典》人格权编，首先需要弄清楚“人格”与“人格权”是两个不同的概念。

“人格”一词在拉丁语中为“*persona*”，意为“假面”“面具”“角色”“自由民”“享有法律地位的任何人”等。19 世纪 80 年代日本学者将英文“person”和“personality”译为日本自造的汉字“人格”，此概念后来传入中国。

在罗马法中，并不是所有生物学意义上的人，都能成为法律上的“人”或者主体。具体而言，法律人格的内容包括自由权、市民权和家庭权，一个生物人只有同时具备了自由、市民和家庭三种身份，才能拥有人格，成为罗马共同体的正式成员。除此之外的生物人，要么是奴隶，要么人格不完善（人格减等）。后来，随着人类文明的发展与进步，尤其在西方社会经过文艺复兴、宗教改革和启蒙运动之后，人的主体价值日益得到尊重，强调人人生而平等。其在法律上的表现，就是将任何一个生物人都纳入法律的保护范围，使得每一个生物人都成为具有平等主体资格的法律意义上的人，这种人在法律上被称为“人格人”。

由此可见，现代“人格”与古罗马法中的“人格”相比含义发生了巨大变化，它已经不再是身份的象征，而是签订“契约”的平等主体资格，因此，以《德国民法典》为代表的近代民法立法者将其概括为“权利能力”，并作为宪法上的“人格人”资格在民法上的具体体现。这种理论影响了其后的许多民法典，如《奥地利民法典》第16条规定：每个人与生俱来都拥有经由理性而启迪的权利，并在此之后被视为一个人格人。这其实是通过法律技术实现对“权利能力”的立法：只有人格人才是法律主体，而生物人并非必然是法律主体。也就是说，为消除等级差别，需要通过法律赋予每个生物人以人格人的资格。而“权利能力”作为民法上的概念，是自然人的法律人格在私法中的体现。换言之，民法上的“人格”通过立法技术的转化，具体表现为“权利能力”。

“人格权”概念始现于19世纪的德国。这个概念与“人格”有密切联系，甚至是对“人格”的重新解释，在德语中，“人格”被解释为“一个人全部个人特性的总称”；德国著名宪法学者克劳斯·米勒（Klaus Muller）把“人格”界定为“在质量上和数量上对人的个性有意义的所有的事物”。施泰因则说，基本法第2条第1款中之“人格”意指个人自身特有的个性。由此，将现代“人格”解释为“个性特征”更为合适，包括生命、身体、健康、精神、自由、姓名、名誉、肖像以及生活等有关利益的整体。德国民法学者基尔克(O. von Gierke)提出了“一般人格权”的概念——为脱离民法的“权利能力”而添加具有民法效力的可诉性的具体内容——自由、尊严等一般人格利益，后来，学者们又逐步推导出一些具体的人格权——生命权、身体权、健康权、姓名权、肖像权等，这些都是人生而具有的基本尊严和自由，应该受到法律的专门保护。

随着社会的发展和市场经济的建立，人的精神性利益也逐渐开始具有更多、更直接的财产属性，一些传统的精神利益开始向经济利益转化，如人的姓名、肖像被直接应用于商品销售，具有越来越大的商业利益，从而使这些权益具有了经济价值。对人的这些利益的侵犯，不仅会损害个人的自由与尊严，而且会造成巨大的经济损失。因此，也更有对其专门加以保护的必要。

从立法上看，1907年《瑞士民法典》开启了现代人格权立法之先河；随后，人格权理论及立法、司法实践在世界范围内得到了长足发展。随着经济社会的发展，各国都在不断加强对人格权的保护。但是，迄今为止，大陆法系各国民法典还没有独立成编的人格权规范体系，在民法典之外也没有独立的人格权法。中国《民法典》适应现代社会互联网、高科技、大数据的发展，将人格权单独成编，是对世界民法典体系的创新。

《民法典》人格权编对新型人格利益的保护

《民法典》将人格权独立成编的重要目的,是落实党的十九大关于强化人格权保护的精神,维护人格尊严。我国经过改革开放40多年的发展,人民群众在物质生活条件得到极大改善的前提下,还要求过上更加体面、更有尊严的生活。我国《宪法》明确规定,"尊重和保护人权",为了实现人民群众对美好生活的向往,就必须要将宪法的规定加以落实,以全面确认和保护人格权的方式,维护人格尊严。这表明,人格权与人权有密切联系。

但是,人格权与人权并非完全相同。从性质上看,人格权是由民法所赋予的主观权利,主体是个人或者法人;人权是由宪法、国际人权公约等文件所规定的,其义务主体主要是国家。从内容上看,人格权包括生命权、健康权、姓名权、名誉权、隐私权等,是非财产性权利;而人权既包括非财产性权利,也包括财产性、经济性权利,还包括政治权利、文化权利等。因此,并非所有的人权都是人格权,而所有的人格权都属于人权。

在《民法典》中,与物权、合同等财产性权利规则关注的是人的"所有"不同,人格权规则关注的是人的"存在"。人格权所包含的人之所以成为人和与人不可分离的全部必备要素——如人格尊严、生命权、健康权、身体权、隐私保护等，都是宪法所保护的人权——核心是人格尊严和人格自由发展——的重要内容。因此，人格权从一开始产生就与宪法上的人权具有密切联系。人权的民事化在第二次世界大战后也呈现为世界趋势：人格权的很多内容是对宪法人权规范的具体实施。例如，宪法规定了生命权；民法关于人格权的内容中规定，侵犯生命权将承担民事赔偿责任。这样，将宪法规范具体化为法官可以适用的裁判规则，以实现对人权更好的保护。

传统大陆法系国家的民法典虽然对人格权的保护越来越重视，但一直没有对人格权作出单独规定。中国《民法典》将人格权独立成编，尤其是针对互联网高科技时代的权利保护问题，提供了中国方案、中国经验，对于落实“尊重和保护人权”的宪法原则，让全体人民在《民法典》慈母般的关怀下生活得更加幸福具有重大意义。

《民法典》人格权编对人格权益的保护十分全面、周延，尤其是适应互联网、高科技发展的需要，增加了新型人格利益的保护规则，主要体现在如下几个方面：

第一，凸显生命权、身体权、健康权在人格权体系中的优越地位。生命权除了包括生命安全外,还包括生命尊严。健康权的范围也已经从狭义上的身体健康或生理健康而发展为既包括生理健康也包括心理健康。

第二,将具有一定社会知名度的笔名、艺名、网名、译名、字号、姓名和名称的简称等纳入保护范围,扩张了姓名权、名称权的保护范围。

第三,针对计算机、人工智能算法和语音识别技术的发展,把声音视为一种新型的人格利益,以适应未来人格利益发展的需要。

第四,针对人工智能发展之后出现的 AI 换脸技术,规定任何组织或者个人不得以利用信息技术手段伪造等方式侵害他人的肖像权,确立了禁止以利用信息技术手段伪造等方式侵害他人肖像权的规则。

第五,首次规定私人生活安宁受法律保护的规则,并通过反面列举的方式,对侵害私生活安宁的各种典型方式作出了规定。明确人格尊严受法律保护,对个人信息、私人生活安宁提供强有力的保护手段,并明文禁止非法进入、窥视、拍摄他人的住宅、宾馆房间等私密空间,非法拍摄、录制、公开、窥视、窃听他人的私密活动,非法拍摄、窥视他人身体的私密部位,同时明文规定预防和禁止性骚扰,等等。

第六,将个人信息规定为“以电子或者其他方式记录的能够单独或者与其他信息结合识别特定自然人的各种信息”,尤其是增加了身份识别信息、行踪信息、健康信息等,扩展了互联网、高科技时代个人信息的内涵。

生命尊严与临终关怀

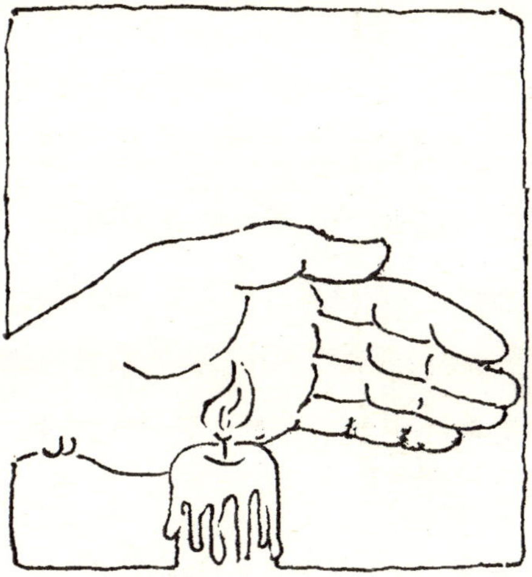

生命是公民作为权利主体而存在的物质前提,生命权一旦被剥夺,其他权利就无从谈起,所以,生命权是公民最根本的人身权。保护公民的生命权不受非法侵害,是我国法律的首要任务。《民法典》人格权编第 1002 条规定:“自然人享有生命权。自然人的生命安全和生命尊严受法律保护。任何组织或者个人不得侵害他人的生命权。”根据这一规定,生命权的基本内容包括维护生命安全和维护生命尊严两个方面。

生命尊严是人格尊严的最重要组成部分,生命尊严包括了生的尊严、活的尊严和死的尊严。由于人无法选择是否出生,因此维护生的尊严,自己难以做到,只能由社会和其父母予以保障。人在出生后享有人格尊严,有权得到社会和他人的尊重,维护自己活的尊严。在自然人临近死亡时,可以要求自己死得有尊严,选择有尊严地死去,这也是自然人生命尊严的一部分。

自然人要维护自己的人格尊严,当然要有决定其生命的能力。尽管自杀不是合法的行为,不属于生命权的自我决定范畴,但是,当出现病痛使生命不能发挥维护人格尊严的作用,反而成为人格尊严的负累时,人就应当有权决定终止它,使自己有尊严地死去。因此,维护生命尊严,特别是维护人的死的尊严,才是维护其人格尊严的最终价值,生命尊严是实现人的尊严的最终环节。现代医学的发达极大延伸了人类生命的长度,但仍无法保证人类生命的尊严。生存与死亡为生命的两极,尊严而生、从容赴死皆为珍惜生命的必然要求,选择有尊严地死亡也是生命权的应有之义。

当前,有关维护死的尊严的方式,包括选择尊严死、生前预嘱和临终关怀等内容。当自然人的生命濒临终结不可治愈且采取延命措施会有巨大痛苦时,权利人有权选择生前预嘱等方式,选择尊严死,实行临终关怀,给予减轻痛苦的医疗措施。但是,对于维护生命尊严的方式是否包括可以采取安乐死,是一个存在争论的问题。

安乐死大致可分为积极安乐死和消极安乐死两类。前者是指以人道方式(如使用处方药)使病人在相对安详的状态下提前结束生命;后者是病人自愿申请,并经相关机构认可,撤除维生技术,任其自然死亡。

有观点认为,随着医疗技术的不断发展,各种医疗手段在延长生命、减轻病痛方面取得了巨大进步,但至今仍无法解决身患绝症、处于生命末期的患者所遭受的生理及心理的极端痛苦。同时，患者及其家庭也生活在巨大的经济与精神压力之下。在这种情况下，停止对患者的医疗救助、保全患者最后的体面与尊严，实际上是对患者的同情之举，彰显了对生命尊严的尊重，亦符合患者的最大利益。现实生活中，患者或其家属在医治无望的情况下主动放弃治疗等消极安乐死的行为也大量存在，由于缺乏法律规定，有可能助长不法行为，不利于社会的和谐稳定。因此，应在《民法典》人格权编，基于维护生命尊严的理念，承认人对自身生命的自我决定权，明确规定消极安乐死。通过立法，可以明确这种自我决定的法律条件、法定程序，保证个人实施消极安乐死不会扰乱社会秩序，不违背社会道德规范，使患者保有生命最后的尊严。因此，在《民法典》中规定消极安乐死，并在相关法律中建立完善的执行制度、审查制度、定点制度等相关配套措施，建立完整的消极安乐死制度，将消极安乐死的行为合法化、规范化，可以更好地维护人的生命尊严，不仅不违背社会公共利益，而且可以最大化地利用有限医疗资源，增加社会的整体幸福感。

显然，在《民法典》中规定消极安乐死的意见，没有得到采纳。但随着现代生命科技的飞速发展，人们对生命的认识也在不断深化，人们对“优生”与“优死”的追求与过去大不相同，是无可改变的现实。有学者认为，生命尊严是安乐死的上位概念，尽管《民法典》第 1002 条没有明确规定安乐死，但其实包含了消极安乐死的含义。也有学者认为，《民法典》规定的维护生命尊严，给安乐死立法设定了法律依据，有利于安乐死立法的进一步展开。

自杀违法吗？

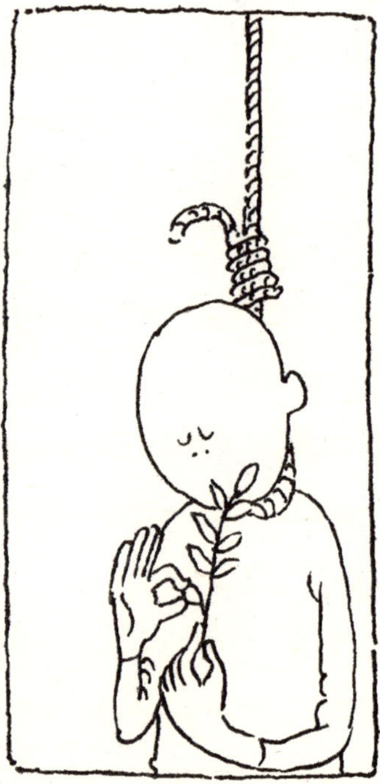

2012 年 3 月 18 日，一位网名为“走饭”的微博网友，通过微博发布了自己最后的遗言。微博系统按照该网友指定的时间进行发布时，该网友已经遗憾去世，此事引发了社会对个人是否有权选择自杀的讨论。

2018 年 6 月 20 日下午 3 点，甘肃省庆阳市西峰区，一座大厦外的街道突然聚集起人群，他们正在看着楼上一个 19 岁的女孩。女孩在窗户外的窗台上，正欲跳楼，消防车在楼下准备施救。楼下围观者，有的鼓掌，有的怂恿，有的甚至喊出“跳啊，快跳啊”“在那里犹豫什么？丢不丢人？快跳啊！”等等。傍晚 7 时许，女孩最终跳了下去，当场身亡。现场营救女孩的年轻消防员失声痛哭。这一事件也引发了社会对于“怂恿自杀”的讨论。

相关数据显示，中国当今社会自杀率处于世界低水平行列，但由于中国人口基数庞大，自杀的总人数依然很多。在中国，自杀是总人口第五位的死因，是 15 ~ 34 岁人群的首位死因。如此触目惊心的数字告诉我们，自杀绝不仅仅是简单的个人问题，它涉及社会秩序和伦理道德等多方面的问题，法律对此应该有明确的态度。

根据《民法典》第 990 条规定：“人格权是民事主体享有

的生命权、身体权、健康权、姓名权、名称权、肖像权、名誉权、荣誉权、隐私权等权利。除前款规定的人格权外，自然人享有基于人身自由、人格尊严产生的其他人格权益。"《民法典》第992条规定："人格权不得放弃、转让或者继承。"作为人格权中最重要权利的生命权，当然也不得放弃。因此，自杀行为在《民法典》上是一种违法行为，行为人应该独立承担后果。

自杀虽然看起来完全是出于自然人自身的意愿，对生命权进行支配的行为，但这一支配行为产生的后果并不只及于其自身，同时还违反了公序良俗，因而，法律上认为，这一支配行为无效并且违法。但是，在大多情况下这一违法行为已无法或无必要追究责任。

自杀不能成为一项个人的权利或自由，其也关系道德观念以及他人的自由和权利之间的关系处理。如果自杀是一种权利或自由，其他人是应该袖手旁观还是应该阻止呢？如果袖手旁观，那么社会伦理不容，因为从社会伦理的角度看，人性是为了生存而不是追求死亡。阻止自杀行为是一个善良人应该做的，这也是为了自杀者的利益着想。如果自杀是一种权利或自由，为了体现对这种权利的尊重，其他人就应该袖手旁观。但是，眼看他人自杀而见死不救，不仅违背道德标准，甚至还可能构成违法。因此，从维护生命权以及社会伦理和秩序的角度看，否认自然人享有自杀的权利，恰恰是维护生命的价值和稳定的社会关系的体现。

网络上，有人对自杀进行直播，做“自杀秀”等，这更是一种双重违法行为。一方面，自杀行为本身违法；另一方面，这种将自杀与某种目的相关联并造成严重社会后果的行为，扰乱社会秩序、违反社会公共利益，也是违法行为。

在现实中，也可以看到约定自杀和参与自杀的事件。比如，恋人之间的殉情自杀约定，这种约定因以相互处分生命权而无效。再如，围观者刺激欲自杀者实现了自杀结果，围观者的行为就是一种帮助自杀的行为。参与自杀行为因助成自杀这一违法行为的实现，也构成违法。参与自杀行为，甚至可能构成犯罪。帮助自杀可以表现为教唆自杀、帮助自杀、嘱托杀人、同意杀人等多种情形。

值得注意的是，也有例外情形：如在战场上杀敌而英勇献身、消防员“逆行”冲入火场殉职，这些行为也是对生命权的放弃，但因其完全符合社会公共利益而不具有违法性。

自杀是一个复杂的社会问题，需要多方施策加以预防，加强生命教育，在全社会形成生命至上、尊重生命、保护生命、珍惜生命的意识，是保护生命权的基础。世界上许多国家为了降低自杀率，还成立专门的预防自杀机构，通过预防来减少自杀和减轻其给家庭成员带来的痛苦和对社会所带来的负面影响。在我国，也有学者主张应制定“预防自杀法”，为保障和尊重公民生命权提供更加完善的法律制度。《民法典》人格权编关于生命权的规定，可以为预防和遏止自杀及关联行为，提供法律依据。

你的姓名谁做主?

在我的儿童时期，小朋友的名字都不太好听，“狗剩”“憨子”“傻丫”，什么都有。有的不仅是小名这样叫，只要加上父亲或母亲的姓氏，就写在了户口本上。老人说：给孩子起一个丑名字好养活。似乎姓什么很重要，叫什么名字并不重要。有不少儿时的玩伴长大后经历了名字改不改、怎么改的折磨，也遭遇了公安机关不让改的痛苦。姓名成为许多人成长的烦恼。

后来，我成为一名法学教师，也曾当过法官。在40多年的法律人生涯中，遇到了更多与姓名有关的故事。

一位退休的王姓历史教师，为了缅怀古人，要把自己的名字改为“奥古辜耶”。13年时间，伴随户口迁移过程，他多次向不同地方的公安机关申请改名，得到的答复都是“不同意”。最后，其在北京将住所地公安机关告上法庭，请求为其办理姓名变更手续。

一位周先生，因给自己的儿子取名“周润发”，派出所不予登记，其向法院提起行政诉讼，要求公安机关予以登记。

一位秦先生，接到法院的传票，被告知因欠胡先生的债未及时归还，须到法院应诉。秦先生根本不认识原告“胡先生”，更没有经济往来。后经查实，这位秦先生的确不是与胡先生发生债务纠纷的“秦先生”,是因为重名,在派出所调取“秦先生”个人资料时搞错了。

张先生与同姓邻居长期不和,经常发生争执。其子出生后,取了一个与邻居同样的名字,意在“复仇”。孩子小的时候,经常被当着邻居的面要求“叫爸爸”;孩子大一点后,经常被直呼其名地“训骂”。同姓邻居以侵犯其姓名权为由,将张先生告上了法庭。

无独有偶,一对英国夫妻要给自己的儿子取名“本·拉登”,被市政当局阻止后不服,向法院提起诉讼。法官驳回起诉,理由是:本·拉登是罪大恶极的恐怖分子,起这样的名字实属“触犯众怒,有违公德”。

这些都表明,取名字并不只是好养活这么简单,取什么名字也不是随心所欲的事情。谁有权取名、取什么名以及是否可以改名、改名是否需要经过同意等,都需要有一定的规则。

我们的姓名,由姓氏与名字两个部分构成。一般情况下,姓氏是血缘关系遗传的记号,代表了血统和家族,关系着我们的历史和传统,代表着一种文化。名字通常反映了一个人的个性,是“这个人”区别于“那个人”的称谓。

从法律上看,姓名是一个人的身份象征,蕴含一个人的自然风貌和社会定位。当一个人的姓名为社会认可和接受后,这个姓名即成为个人的代名词,是自然因素和社会因素的综合表征。因此,姓名并不是简单的符号,也不是单纯的字词组合。姓氏与名字的组合,既有符号意义,也有引申意义。

姓名首先是一种符号,我们可以因为这个符号而相互区别,不会混淆张三与李四,这是姓名的表面意义。但姓名的意义不仅止于符号,它还包括许多潜在的意义,父母为孩子取一个寓意深远的“好名字”,是望子成龙、盼女成凤的期待;为自己改一个具有鲜明特征的“靓名字”,是自我鼓励、理想追求的表达;等等。这是姓名的引申意义。实际上,一个人的姓名包含着命名者的心理期待、情感表达、情绪反映、意志表露等多种含义。命名者通过命名,表达的是其价值追求和期待愿望。这些追求是人的精神内核的重要构成,是人格尊严的重要组成部分。与此同时,随着社会经济的发展,社会公众人物的姓名还蕴含一定的政治、经济价值,这也是姓名权不可忽视的内容。

因为姓名对人具有如此重要的意义,一个人如何获取姓名、如何使用姓名成为法律关注的重要内容。在法律上，姓名权被认为是一种“精神性人格权”，是自然人对与其精神性的人格要素有关的利益所依法享有的不可转让的支配权。姓名权作为人格尊严的重要组成部分，是受宪法保护的权利。民法在宪法规定的公民基本权利基础上，通过对姓名权的内容、保护方式等具体规定，将法律保护落到实处。

《民法典》人格权编第三章专门规定姓名权，用 5 个条文对姓名权的变革、使用、命名作出规定。《民法典》第 1012 条规定：“自然人享有姓名权，有权依法决定、使用、变更或者许可他人使用自己的名字，但是不得违背公序良俗。”同时，《民法典》对于姓氏的选取、名字的范围、命名方式和使用等作出了规定。

需要说明的是，我们在法律上享有自我命名权。但实际生活中，我们的姓名一般都是在出生时由父母确定，这是父母实施亲权的代理行为，不是对自我命名权的否定。自然人成年后，可以通过姓名变更手续，变更自己的姓名；或者根据自己的意志和愿望，确定登记姓名以外的笔名、艺名以及其他相应的名字。这种名字变更权，只要不违背社会公序良俗，任何人不得加以干涉。

胚胎是否享有“人格尊严”？

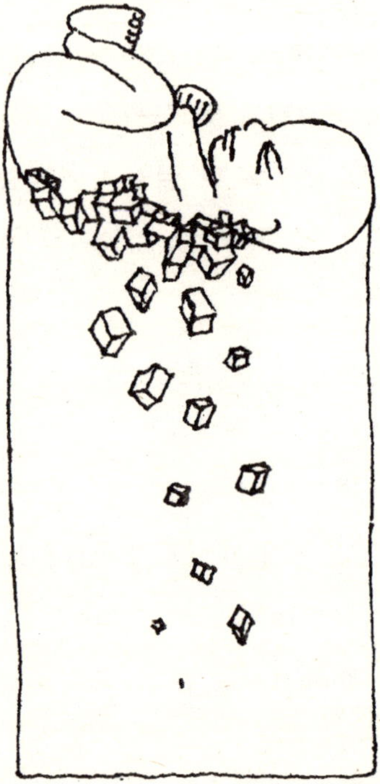

《民法典》第1009条规定，从事与人体基因、人体胚胎等有关的医学和科研活动，应当遵守法律、行政法规和国家有关规定，不得危害人体健康，不得违背伦理道德，不得损害公共利益。看到这一条，许多人都会想起几年前发生的“基因编辑婴儿”事件。

2018年11月26日，在世界艾滋病日及第二届国际人类基因组编辑峰会召开的前一天，南方科技大学生物系副教授贺建奎宣称，由其团队创造的世界首例能免疫艾滋病的双胞胎基因编辑婴儿露露和娜娜已于11月诞生。这顿时引起国内外舆论一片哗然。引发争议的原因，并不是这项操作技术的突破性，而是因为在人类毫无准备的情况下，贺建奎公然突破科学伦理和道德禁忌的底线，践踏国家法律法规红线，以一己之利和博出位的私心，为“人类物种”打开了一个面临巨大进化和道德风险的疯狂世界入口。

按照美国食品药品监督管理局（FDA）的定义，基因治疗是指“基于修饰活细胞遗传物质而进行的医学干预。细胞可以体外修饰，随后再注入患者体内，使细胞内发生遗传学改变。这种遗传学操纵的目的可能会预防、治疗、治愈、诊断或缓解人类疾病”。基因治疗主要有体细胞基因治疗、生殖细胞基因治疗、增强性基因治疗三种。

基因治疗在为一些严重及难治性疾病提供新的治疗思路与方法的同时，也可能给人类带来巨大的伦理与法律挑战。1997 年世界卫生组织发布了《世界人类基因组与人权宣言》，决定禁止基因个体的产生。为有效保护胚胎或禁止将胚胎基因工程适用于人类，以免造成不可逆转的伤害，各国纷纷制定相关法律，从刑法上加以规制。例如，法国于 1994 年制定《生命伦理法》，明文禁止将未受精卵的卵核取出，再取出其体细胞植入到人类胚胎内，将该胚胎植入母体内诞生人类的行为，违反者处 20 年以下有期徒刑。英国于 1990 年制定了《人类受精、胚胎研究法》，禁止上述类似的行为，违反者处 10 年以下有期徒刑或科处罚金。德国于 1990 年制定的《胚胎保护法》规定全面禁止对人类个体、胚胎实施基因改良、混合技术，并对体外受精、人类胚胎的干扰予以限制，违反者处 5 年以下有期徒刑或科处罚金。美国于 1997 年发布总统令，禁止以联邦政府的资金对人类胚胎实施基因改良技术，至于是否可以进行相关的研究没有明确规定。2002 年日本通过了《规范基因技术法》，对于生产人类基因个体、人与动物基因改良或混合个体的行为予以禁止，违反者处 10 年以下有期徒刑，单处或并处 1000 万日元以下罚金。

2020 年，全国人大常委会通过《刑法修正案（十一）》，在《刑法》第 336 条后增加一条，作为第 336 条之一：“将基因编辑、克隆的人类胚胎植入人体或者动物体内，或者将基因编辑、克隆的动物胚胎植入人体内，情节严重的，处三年以下有期徒刑或者拘役，并处罚金；情节特别严重的，处三年以上七年以下有期徒刑，并处罚金。”

在“基因编辑婴儿”事件发生时，我国并无相关法律规定。2019 年 12 月 30 日，深圳市南山区人民法院对“基因编辑婴儿案”进行了公开宣判。法院认定贺建奎、张仁礼、覃金洲 3 人因共同非法实施以生殖为目的的人类遗传基因编辑和生殖医疗活动，构成非法行医罪。根据 3 名被告人的犯罪事实、性质、情节和对社会的危害程度分别判处刑罚。贺建奎被依法判处有期徒刑 3 年，并处罚金人民币 300 万元。

但是，在贺建奎等人被追究刑事责任的同时，也引发了一个民事法律上的问题。贺建奎等人的行为对其所进行基因编辑的胚胎是否构成了侵权？如果构成，侵害的是什么权利？

国外有学者认为,应该在民法上承认自然人对其基因的权利,提出了"基因权"的概念,并将基因权的具体内容概括为基因平等权、基因自主权、基因隐私权和基因公开权。

在我国,有不少学者主张对基因、胚胎进行人格权益保护。其理由是,人格尊严是与生俱来的,在生命诞生前,人格尊严的保护应该延伸至出生前的胚胎。尤其我国《民法典》规定了胎儿的民事行为能力(《民法典》第 16 条)、胎儿继承的特留分(《民法典》第 1155 条)、死者人格利益保护(《民法典》第 994 条),特别是在已承认对死者人格利益保护的前提下,可以基于类似的保护目的,将"人格尊严"延伸至出生前的胚胎阶段。

《民法典》规定了“被遗忘权”吗？

2015年,国家高级人力资源师任某某向北京市海淀区人民法院起诉,称其在百度网站进行相关搜索时,页面中会显示"陶氏教育任某某""无锡陶氏教育任某某"等信息内容及链接。任某某表示自己曾在陶氏教育短暂任职4个月,因陶氏教育在社会上没有良好名声,后解除合同。上述信息的存在致使自己在业内评价降低,名誉受损,就业也受影响。

任某某在多次联系百度公司要求删除相关信息无果的情况下,请求法院判令百度公司停止侵犯其姓名权、名誉权及被遗忘权,删除有关关键词,赔礼道歉并消除影响。百度公司认为,其提供的相关搜索服务只是客观反映搜索关键词的信息关联状态,并未侵犯任某某的民事权益,不同意任某某的诉讼请求。

法院经审理认为,百度公司在"相关搜索"中推荐涉诉词条的行为,明显不存在对任某某进行侮辱、诽谤等侵权故意。且我国现行法律中并无对被遗忘权的规定,亦无被遗忘权的权利类型。任某某依据一般人格权主张其被遗忘权应属一种人格利益,而其并未证明该人格利益应予保护的正当性和必要性,故判决驳回任某某的全部诉讼请求。

这是我国的"被遗忘权"第一案,虽然法院判决驳回了任某某的诉讼请求，但这表明个人信息保护已经是一个现实的法律问题。

2014 年 5 月 13 日，欧盟法院作出了确认普通公民对个人信息拥有被遗忘权的终审裁定，进而在欧盟范围内确立了被遗忘权。2016 年，欧洲议会通过《一般数据保护条例》，首次明确规定了删除权（被遗忘权）条款，即“right to erase (right to be forgotten)”。

在《民法典》编纂过程中，对于是否应该规定“被遗忘权”，学者们对此进行了热烈的讨论，也提出了各种建设性方案。

《民法典》第 1037 条第 2 款规定：“自然人发现信息处理者违反法律、行政法规的规定或者双方的约定处理其个人信息的，有权请求信息处理者及时删除。”这意味着，《民法典》规定了“删除权”但没有规定“被遗忘权”。

在法律上，“删除权”与“被遗忘权”既有联系又有区别。前者是指数据主体在数据控制者违反法律、行政法规的规定或者双方的约定收集、使用其个人信息的情况下，有要求数据控制者删除其个人信息的权利。后者是指公民在其个人数据信息不再有合法之需时要求将其删除或不再使用的权利。

可以说,“被遗忘权”是对“删除权”的扩大。删除权是“一对一”,用户个人(数据主体)对于企业(数据控制者)违法或违约收集使用信息时提出的要求。而被遗忘权是“一对多”,不仅包含传统的删除权的权利要求,还包括要求数据控制者负责将其已经扩散出去的个人数据,采取必要的措施予以消除;而且数据主体要求删除数据理由也不仅限于违法或者违约。

由于《民法典》人格权编仅对个人信息保护作出基础性规定,更多问题将留待专门立法加以解决。我国正在制定个人信息保护法,这部法律在《民法典》已规定“信息删除权”的情况下,是否还应规定“被遗忘权”,学者们仍然在讨论过程中。

比较主流的观点认为,我国《民法典》已经规定了“删除权”,没有必须再规定“被遗忘权”。理由有二:

第一,如果网络上发布的信息涉及侵害自然人的名誉权、隐私权等人格权益时,自然人基于名誉权、隐私权当然有权行使停止侵害、排除妨碍等人格权请求权,要求发布相关信息的网络用户删除该等信息,也有权依据《民法典》第

1195 条规定要求网络服务提供者采取删除、屏蔽、断开链接等必要措施。

第二，如果自然人发现信息控制者违反法律、行政法规的规定或者双方的约定收集、处理其个人信息的，依据《民法典》第 1037 条第 2 款有权请求信息控制者及时删除。

上述两种情形的删除权的适用已经涵盖了自然人有权要删除个人信息的全部正当情形，除此之外，自然人已无正当的利益要求网络服务提供者或信息控制者删除相关个人信息。

其实，不独在我国，美国等国家和地区也未对"被遗忘权"照单全收。即使在欧洲，欧盟法院在一起案件中也明确指出，许多第三国并不承认被遗忘权。

《民法典》婚姻家庭编的“取名”之争

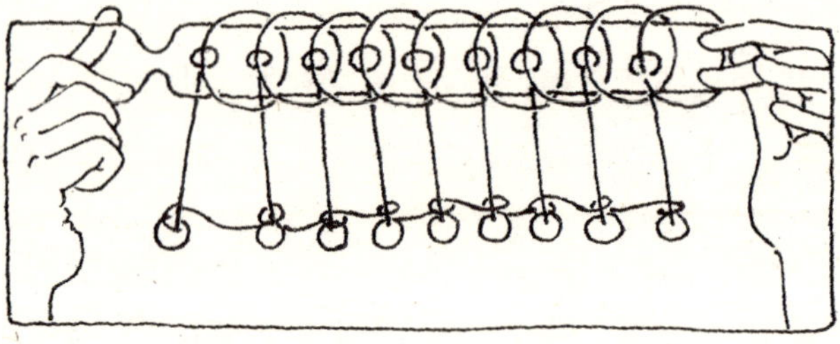

我们现在看到的《民法典》第五编名为“婚姻家庭编”，内容包括一般规定、结婚、家庭关系、离婚、收养，共计5章79条。其内容在1950年制定、1980年重新颁布实施、2001年修正的《婚姻法》和1991年制定、1998年修正的《收养法》的基础上编纂形成。

在《民法典》编纂过程中，如何为这一编“取名”，经过了非常激烈的争论。有人主张叫婚姻家庭编，有人主张叫亲属编，最终由立法机关决定称其为婚姻家庭编。之所以会有这样的争论，是因为各方面对婚姻家庭、亲属等问题在《民法典》中如何处理持不同观点。了解这些不同观点以及最终在《民法典》中的体现，对于我们正确理解《民法典》婚姻家庭编有重要意义。

人文主义传统的民法有“敬人”特征，代表性民法典都有“亲属编”

民法起源于罗马法，兴起于西方的启蒙运动及资产阶级革命，因此而具有浓厚的人文主义传统。虽然各国在不同时代制定的民法典都有一定的局限性，但在各自所处的时代，都体现出鲜明的“敬人”特征。以血缘或者姻缘为体系，以婚姻家庭为中心的包括家族亲属和族外亲属在内的亲属制度，作为人之所以作为人并且最能体现人的社会性、风俗性、伦理性的法律制度，在各国民法典中都得到了高度重视。截至目前，大陆法系有代表性的民法典，其体系结构大都按照如下的顺序展开：

——民法典以人为中心，人之为人首先必须有权利能力并具有人格，成为法律世界的主体。因此，民法典首先把民事主体规定于总则，而人格权作为与民事主体不可分离的内容，大多也附设于民事主体部分。

——人成为主体后，只有拥有财产才能参与社会经济生活，有明确财产归属并能够安全交易的需要，于是民法典设置物权编、债权编。

——人在成为主体，并具备生理和心理条件后产生了爱的需求，同时也肩负着人类自身生产（繁衍）的社会义务，有组建家庭的需要，于是民法典设置亲属编。

——作为主体的人在组建家庭后，需要妥善延续家庭内部的财产利益，有按照一定规则继承财产、延续家族财产利益的需要，于是民法典设置继承编。

按照这样的思路，《德国民法典》《日本民法典》基本都确立了"总则—债权(物权)—物权(债权)—亲属—继承"的民法典结构体系。《瑞士民法典》虽然在顺序上有所调整,但专设"人法编"并作为首编,把主要涉及人身关系的"亲属编"和"继承编"提到"物权编"和"债编"之前,以体现对人的重视。《法国民法典》在整体结构上是按照"人——财产及对于所有权的各种限制——取得财产的各种方法"的体例设置,但也是把"人"作为第一编,且把"亲属法"置于其中。

中国的婚姻家庭立法受苏联影响,但亲属法内容日益增加

大陆法系国家民法中,并无"婚姻家庭法"的称谓。中国使用这个称谓,是受到苏联的影响。世界范围内,苏联制定了世界上第一部被称为"婚姻和家庭法"的法典——《苏俄婚姻和家庭法典》,并使其脱离民法典而成为独立的法律部门。按照苏联的法学理论,民法典是调整商品经济的法律,婚姻家庭关系不是商品经济关系,不应成为民法典的组成部分,因此,应制定单独的婚姻家庭法并使其从民法典中独立出来。由此,可以看到,《苏俄婚姻和家庭法典》不是民

法典的组成部分，也不是亲属法，而是家庭法。

中华人民共和国成立初期，我国的法律制定既受到苏联婚姻家庭立法模式的影响，也由于中国当时存在严重的封建社会习俗，婚姻自由、一夫一妻、男女平等等观念需要由法律加以确立，于是在1950年制定了第一部《婚姻法》，其后又于1980年重新制定《婚姻法》（该法在2001年做过一次修改）。随着社会发展的需要，于1991年制定《收养法》（该法于1998年做过修改）。这两部法律实施以来，对于建立和维护和谐的婚姻家庭关系发挥了重要作用。

在中国，婚姻家庭法是否要独立于民法的问题，据说在1986年制定《民法通则》时有过讨论。1986年颁布的《民法通则》不仅规定了民法可以调整人身关系，而且还规定了公民享有婚姻自由、禁止买卖婚姻和包办婚姻及其他干涉婚姻自由的行为，规定了保护婚姻、老人、母亲和儿童的合法权益以及男女平等的民事权利，规定了监护制度。这些规定表明，我国并没有完全接受苏联关于民法中不能有婚姻家庭法内容的观点。

但是，苏联对婚姻家庭法认识的影响，并非就不存在了。明显的情况是：一方面，我国的婚姻家庭立法，越来越多地超出婚姻家庭的范围。比如在《婚姻法》中规定不居一家的非婚父母子女关系和祖孙关系，其内涵已经趋近于亲属法；再如，在《收养法》中，规定的收养条件、收养法律效力等，也超出了通常意义上的婚姻家庭关系的范畴。另一方面，婚姻家庭法的名称，一直以“大家都已接受”而被保留。

《民法典》编纂时面临新情况，最终采纳“婚姻家庭编”名称但包括亲属基本制度的内容

在第五次《民法典》编纂过程中，采用“亲属编”还是“婚姻家庭编”，不同观点都进行了充分表达，各种论证也非常充分。采用“亲属编”的理由主要是继受大陆法系民法典传统，以及婚姻法、收养法已超出婚姻家庭立法的范畴，其实际上已经是亲属法。采用“婚姻家庭编”的理由主要是，从我国20世纪50年代颁布《婚姻法》至今，老百姓对婚姻法的名称很熟悉，已习惯称婚姻法、婚姻家庭法，称亲属法则不熟悉、不习惯。

从法学理论上看，“婚姻家庭法”与“亲属法”是两个不同的概念。一般认为，婚姻家庭法以婚姻家庭关系为调整对象，亲属法则以特定范围内的亲属关系为调整对象。亲属法

的调整范围比婚姻家庭法更大，既包括婚姻家庭关系，也包括其他近亲属关系。亲属法的一些主要制度，如结婚制度中禁婚亲的规定、亲子制度中不居一家的非婚生亲子关系和祖孙关系、监护制度中非家庭成员的监护人与被监护人的关系，都不属于婚姻家庭关系。

但是，在我国的立法中，虽然婚姻法规定了一些亲属关系，但却没有规定监护制度。过去监护制度在《民法通则》中规定，后来《民法总则》也规定了监护制度。制定《民法总则》时，根据《民法通则》原有规定，也考虑中国国情，在《民法典》总则部分专章规定了监护。这也使得《民法典》分编编纂时面临新的选择：将监护制度后移，必要性不大；如果不后移，缺少监护制度，亲属制度的内容将少一块。

最终，立法机关以“婚姻家庭编”作为《民法典》第五编的“名字”。但在该编第 1045 条规定：“亲属包括配偶、血亲和姻亲。配偶、父母、子女、兄弟姐妹、祖父母、外祖父母、孙子女、外孙子女为近亲属。配偶、父母、子女和其他共同生活的近亲属为家庭成员。”这是我国立法中第一次规定亲属的基本制度，标志着我国《民法典》虽名为“婚姻家庭编”，但实际规定了基本的亲属制度，是亲属制度的主要法律规则。

法律上的“婚姻”概念

《民法典》第五编名为“婚姻家庭”，其一般规定的第1条(《民法典》第1040条)明确规定：“本编调整因婚姻家庭产生的民事关系。”但是，我们读完这一编，涉及“婚姻”的词很多，如婚姻自由、买卖婚姻、婚姻登记、婚姻关系、婚姻权利等，但却找不到关于“婚姻”的定义。

我国从1950年制定第一部《婚姻法》到1980年《婚姻法》，都没有明确规定“婚姻”的概念，因为对“婚姻”进行界定太困难。与大多数法律概念由法律规定即可不同，“婚姻”一词在日常生活中产生，并且在很长时期内由习惯来调整。因此，要在法律上定义婚姻，除了必须考虑婚姻的本质外，还要全面考虑自然的、社会的不同形态以及现实社会对婚姻的认知，将人们观念中视为婚姻的情形框定在婚姻概念之中，将人们观念中视为非婚姻情形排除在婚姻概念之外。

与“婚姻是异性之间的结合”的传统观念不同，近年来西方国家关于同性恋合法化的呼声越来越高，少数国家甚至允许同性恋者结婚。如丹麦1990年制定了一项法律，明确规定丹麦国内的同性恋者可以去婚姻注册处注册结婚，并和异性恋夫妇一样在房屋、税务、继承遗产、分居、离婚等方面享有同等权利。美国不禁止同性恋，只有加州旧金山市于

1990年11月经市民投票通过了一部名为《家庭伴侣法》的专门法律，保护同性恋者，但未承认同性婚姻。在我国，同性恋者共同生活也是一种客观存在的社会现实，虽然我国不可能像一些西方国家那样承认其为婚姻，但其可能引发的社会与法律问题也不应置之不理。这些情况实际上也会对“婚姻”的定义以及婚姻家庭法律产生影响。

当前，世界上也有少数国家在法律中对婚姻作了界定。如《葡萄牙民法典》第1577条规定：“婚姻是两个异性的人之间根据本法典的规定，意在以完全共同生活的方式建立家庭而订立的合同。”美国众议院于1996年7月通过的《美国“捍卫婚姻法”法案》规定，婚姻是“一个男人和一个女人的结合”，旨在限制同性恋结婚。

中国古代在四种意义上使用“婚姻”一词：一是指创设夫妻关系，即结婚仪式。《诗·郑风》曰：“婚姻之道，谓嫁娶之礼。”《白虎通》解释说：“婚姻者何谓，昏时行礼，故曰婚，妇人因夫而成，故曰姻。”二是指男女通过结婚所形成的夫妻关系。《礼记·经解》说：“男曰婚，女曰姻。”三是指由婚姻联结起来的某种姻亲关系。《尔雅·释亲》曰：“婿之父为姻，妇之父为婚；妇之父母、婿之父母相谓为婚姻。”《礼记·

昏义》将其概括为“妇党称婚,婿党称姻”。四是指婚姻对宗族家庭及繁衍后代的作用。《礼记·昏义》称之为“合二姓之好,上以事宗庙,而下以继后世也”。我国的婚姻法律及其相关制度,对这四层含义都有所涉及,规定了结婚、夫妻关系及包括姻亲在内的家庭成员关系,但未在法律上给出明确定义。

根据《民法典》婚姻家庭编的有关规定,可以将“婚姻”一词理解为:男女双方以共同生活为目的而缔结的,具有公示的夫妻身份的两性结合。其含义为:

第一,以一男一女的两性结合为基础。男女两性的生理差别、人类固有的性本能,是婚姻赖以形成的自然因素,也是婚姻固有的自然属性,这种自然属性是婚姻关系区别于其他社会关系的重要特征。不承认同性婚姻,不承认复式婚姻。

第二,以共同生活为目的。这既是婚姻对当事人主观心理状态的要求,也是人们所追求的婚姻在理想层次的含义。“共同生活”是指居住在一起,成为同一个家庭的成员,处在同一个生活消费共同体中,包括精神的生活共同(互相亲爱、精神的结合)、性的生活共同(肉的结合)及经济的生活共同(家计共有)。

第三，夫妻身份的公示性。男女双方必须以夫妻名义同居生活，周围群众也认为他们是夫妻。也就是说，男女双方既要具有夫妻生活的内在内容，在外部形式上还应有公众所承认的夫妻身份。

只有从这几个方面去认识“婚姻”，才能够更好地理解《民法典》婚姻家庭编所确立的“婚姻家庭受法律保护”“实行婚姻自由、一夫一妻、男女平等的婚姻制度”“保护妇女、未成年人、老年人、残疾人的合法权益”的基本原则，理解“禁止重婚。禁止有配偶者与他人同居”等制度，也才能更好地理解夫妻共同生活义务以及家庭义务，为建立和谐家庭、美好家庭共同努力。

《民法典》中的“家庭”概念

我们每个人都有家庭，熟知“家庭是社会的细胞”，记得托尔斯泰说过“幸福的家庭有同样的幸福，不幸的家庭则各有各的不幸”，还记得劳伦斯说过“你将拥有的家庭比你出身的那个家庭更重要”。这些关于“家庭”的名言名句，都从不同维度对“家庭”进行了精辟诠释，感性而深刻。而我们正在学习的《民法典》，其中也有“家庭”的专门规定，与文学作品所描述的家庭不同，法律基于理性认识作出规定，并非强行介入家庭生活，而是从社会治理角度确立不同家庭成员彼此之间能够和谐共存的基本生活秩序，明确家庭应承担的社会功能。

从历史上看，家庭一直被法律所关注。法律承认家庭是为了管理人际关系，家庭是伦理性社会生活的基石和国家生活的最小细胞，其理所当然地成为法律最重要的关注对象。因此，在任何国家任何时期的法律中，“家庭”都是一个重要的法律概念。在我国作为根本大法的《宪法》中，“家庭”一词出现了5次，其中第49条第1款规定：“婚姻、家庭、母亲和儿童受国家的保护。”这一规定将家庭与婚姻、母亲和儿童置于同等受国家保护的位置，彰显了家庭的地位。

法律上规定“家庭”，一方面在于使共同体中主流观念所坚守的家庭生活方式能够以足够清晰的样态呈现，比如“一夫一妻”“男女平等”等现代社会价值观念在家庭生活中得以体现并通过此种生活方式执行社会功能。另一方面，通过规定“家庭”的概念来明确家庭应承担的社会功能，并且对各种不同功能在国家、社会与家庭之间作出划分，以实现家庭功能的合理分担。把那些不适于由国家、社会来承担或者其暂时尚无力承担的功能，交由家庭承担，如生育功能；还有一些介乎于家庭、社会、国家之间的功能，应依三者之间的力量对比而在制定法中区分处理，如经济功能、教育功能、供养功能。

《民法典》婚姻家庭编没有对“家庭”进行定义，只是在第1045条规定：“亲属包括配偶、血亲和姻亲。配偶、父母、子女、兄弟姐妹、祖父母、外祖父母、孙子女、外孙子女为近亲属。配偶、父母、子女和其他共同生活的近亲属为家庭成员。”与此同时，《民法典》婚姻家庭编的第三章规定了“夫妻关系”“父母子女关系和其他近亲属关系”。在司法实践中，夫妻关系主要是指通过有效的婚姻登记而形成的男女之间的权利义务关系，例外情形下也包括事实婚姻中男女双方之间形成的权利义务关系。父母子女关系和其他近亲属关系，包括父母子女关系、祖父母/外祖父母与孙子女/外孙子女关系、兄弟姐妹关系等。而父母子女关系又可以区分为自然血亲与拟制血亲两种，前者包括婚生子女、非婚生子女与生父母的关系，后者则包括通过收养而形成的养父母子女关系、通过事实抚养关系而形成的继父母子女关系等。根据《民法典》婚姻家庭编的相关规定，“家庭”概念的核心在于成员之间是否存在法律承认的近亲属关系，主要是围绕亲属关系标准来确定人与人之间的权利义务关系，对当代社会与社会主义核心价值观相契合的主流生活方式予以了规定。

但是，我们也注意到，《民法典》第 1045 条第 3 款规定：“配偶、父母、子女和其他共同生活的近亲属为家庭成员。”这里的“近亲属”没有列举，而是在《民法典》第 1050 条规定了“婚后双方互为家庭成员”，即登记结婚后，按照男女双方约定，女方可以成为男方家庭的成员，男方可以成为女方家庭的成员。由此，我们可以注意到，《民法典》上关于“家庭”的另外一种含义，即《民法典》第 330 条第 1 款规定的：“农村集体经济组织实行家庭承包经营为基础、统分结合的双层经营体制。”这里的“家庭”是典型的“以户籍为标准”，围绕集体土地这一财产内容来确定人与人之间的权利义务关系。

从这些规定看,《民法典》关于“家庭”的概念,采取了开放性与确定性之间平衡的基本立场。一方面,家庭的一般形象与核心内涵经由《民法典》第 1045 条第 3 款得以确立,以“亲属关系”为一般标准,将当代社会中居于主流地位的生活方式明确规定下来,受法律保护,建立了“家庭”的一般法律现象,表明“家庭”概念的确定性;另一方面,家庭的内涵并不限于《民法典》第 1045 条第 3 款所规定的范围,其他法律规则如该法第 330 条、第 1050 条可以基于特别立法目的而在不违反第 1045 条第 3 款所确立的家庭概念的基础上,以“户籍”为例外标准,充分考虑到家庭概念内涵的丰富性以及家庭实际具备的功能多样性,承认“家庭”的特别形象,这表明了“家庭”概念的开放性。

民法如何守护家庭和谐？

像我这样的“60后”，说起“家”，总会有一些诗句涌上心头，“君自故乡来，应知故乡事。来日绮窗前，寒梅著花未”“近乡情更怯，不敢问来人”。无论身处何方，心会永远朝着“家”的方向。我们这一代人心目中的家，不仅仅是夫妻双方，也不仅仅是三口之家或四口之家，祖父母、外祖父母、孙子女、外孙子女、兄弟姐妹，甚至兄弟姐妹的子女都是家的成员。但是，随着市场经济的发展、独生子女政策的实施，人们对“家”的理解也在发生巨大的变化，传统的家庭伦理受到严峻挑战，家庭成员之间利益多元化趋势明显，与婚姻相伴随的风险越来越大……

家庭为组成社会的基本单位，婚姻家庭和谐是整个社会生活秩序安宁与稳定的“底座”。在《民法典》编纂过程中，如何界定“家庭”，如何协调好与“家庭”有关的利益关系，如何通过法律规范促进家庭关系和谐发展，是社会各界高度关注的热点问题。

《民法典》首次将家庭应当“树立优良家风，弘扬家庭美德，重视家庭文明建设”写入法律条文中，在婚姻家庭法律规范中确立了社会主义核心价值观的价值追求；同时，在有关家庭关系的规定中，除了对夫妻关系作出规定之外，对父母子女、近亲属的关系也作出了专门回应。《民法典》以慈母般的眼光，为家庭和谐创造条件。

《民法典》中的“家庭”是中国式“家庭”

与西方国家和世界上许多民族不同，中国式“家庭”不仅是只有夫妻子女的“小家”，而且包括“四世同堂”的“大家”。《民法典》表达的是中国人对“家”的态度，“家庭”是在婚姻关系、血缘关系基础上产生的亲属间的社会生活单位。家庭成员之间相互承担着扶养、抚养和赡养的家庭责任。在现代，家庭规模不断缩小，夫妻与子女组成的“核心家庭”已成为普遍的家庭形式。在此社会背景下，《民法典》首次在婚姻家庭编中构建了亲属关系，以维护亲属法律秩序。《民法典》第 1045 条规定：“亲属包括配偶、血亲和姻亲。配偶、父母、子女、兄弟姐妹、祖父母、外祖父母、孙子女、外孙子女为近亲属。配偶、父母、子女和其他共同生活的近亲属为家庭成员。”作为亲属的基本单位，家庭是家庭成员共同生活的团体，《民法典》为促进亲属间的认同感、归属感，鼓励家庭成员间的相互扶助，增加了一系列新的规定，如规定“居住权”，扩大了代位继承人，亲子确认和否认制度，抚养费、赡养费、扶养费不受诉讼时效的限制等，都体现了增进亲属间的凝聚力、保障家庭养老育幼职能的实现、推动家庭关系和谐发展的立法理念。

《民法典》注重“家庭”中的夫妻关系和谐稳定

正如学者所言：夫妻应当是这个世界上最为紧密的命运共同体，也是“家庭”的核心。《民法典》鼓励夫妻建立更为坦诚、更为密切的生命关联关系，并以此为基础确立了协调夫妻关系的规则。《民法典》第1041条首次明确规定了“婚姻家庭受国家保护”，并在具体的法律制度中，加大了对婚姻家庭的保护力度。比如在协议离婚程序中增设离婚冷静期，确立夫妻债务“共债共签”原则，加强对被侵害配偶人身权、财产权的保护，扩大离婚时的无过错方有权请求损害赔偿范围并给予了无过错方多重的救济途径等，把保护家庭稳定、保障家庭成员生活安宁放在优先地位。

《民法典》确立家庭成员间的相处规则

在中国式“家庭”概念下，“家庭”涉及多重关系，《民法典》为此确立了基本的相处规则：权利平等、公平对待、相互尊重、责任共担。这既是民法基本原则在婚姻家庭关系中的贯彻,也是对中华优秀传统文化的传承。在平等相处方面,《民法典》规定了夫妻人格尊严平等,平等享有对未成年子女抚养、教育和保护的权利,夫妻间享有日常生活代理权。在公平对待方面,《民法典》规定了家务经济补偿制度,夫妻一方因抚育子女、照料老年人、协助另一方工作等负担较多义务的,离婚时有权向另一方请求补偿,另一方应当给予补偿。在相互尊重方面,《民法典》要求家庭成员间对他人人格、劳动的尊重,明确子女有独立的财产权利。在责任共担方面,《民法典》规定了兄弟姐妹之间、祖孙之间的扶养、赡养义务等。这些都是《民法典》为增加近亲属间的认同感、归属感、责任感,促进家庭成员之间的相互尊重、相互扶助作出的新规定,目的在于弘扬社会主义核心价值观,推动家庭关系和谐发展。

离婚冷静期的正确打开方式

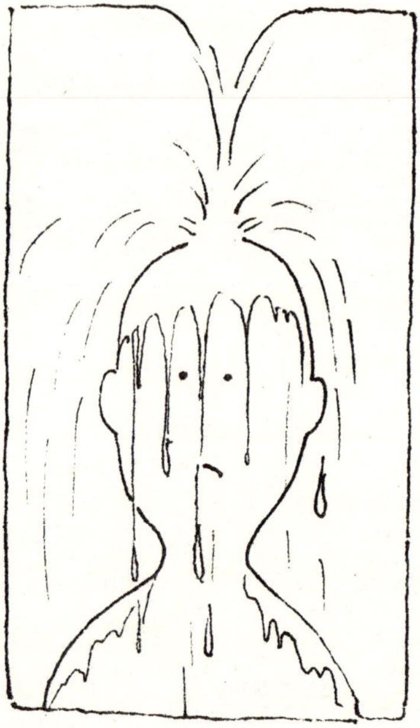

世界上没有完美的离婚，只有完美的离婚程序。法律规定的离婚程序，是基于一定社会条件和为稳定社会秩序而作出的努力。

为了维护婚姻家庭的稳定，促进社会的可持续发展，世界上不少国家对离婚设置了“冷静”程序。比如，韩国规定夫妻离婚要经过熟虑期，没有子女的夫妻熟虑期是 1 个月，有子女的夫妻熟虑期需要 3 个月；法国规定协议离婚需要 3 个月的考虑期，且结婚不满 6 个月的夫妻不得协议离婚；美国加利福尼亚州法律规定夫妻双方 6 个月的等候期；英国有 9 个月反省考虑期的规定。法律上设置离婚冷静期，是为了让当事人慎重地深思熟虑后再行使自己的离婚权利，更有利于减少冲动离婚，减少潜在的矛盾。这种来自离婚冷静期的束缚既是忠诚、包容和理性，也是慎重、责任和成熟。

中国《民法典》编纂过程中，也新增了协议离婚冷静期制度。《民法典》第 1077 条规定：“自婚姻登记机关收到离婚登记申请之日起三十日内，任何一方不愿意离婚的，可以向婚姻登记机关撤回离婚登记申请。前款规定期限届满后三十日内，双方应当亲自到婚姻登记机关申请发给离婚证；未申请的，视为撤回离婚登记申请。”

对此，在《民法典》编纂过程中乃至审议通过后，质疑的声音一直存在。其主要理由是：离婚冷静期破坏了婚姻自由；离婚冷静期让被家暴者更加无助。这看起来似乎有些道理，但认真阅读《民法典》后会发现：有人误读了《民法典》规定的离婚冷静期。

有关数据显示，2019 年，我国共约有 950 万对夫妻登记结婚，约 415 万对夫妻登记离婚。这一客观现实表明，社会对婚姻家庭的态度趋向消极。这不仅会对夫妻双方或者小家庭造成影响，而且可能降低社会生育率和加重人口老龄化，也会在一定程度上冲击社会秩序的稳定。

在大量的协议离婚人群中，既有少部分是为规避政策（如为单位分房离婚、投资入股离婚等），也有更多是冲动型离婚。协议离婚看似简单、高效、自由，实则存在引发系列纠纷的隐患，如为规避政策离婚后一方不愿意再复婚，冲动型离婚中的一方冷静后悔悟莫及欲复婚，更多的是协议离婚容易，但离婚后对婚生子女抚养费、探望权产生纠纷，甚至离婚后与前任的债权人产生纠纷，等等。因此，无论是为促进家庭和社会稳定而适当控制离婚率，还是周全处理离婚产生的子女、财产等相关法律问题，避免引起不必要的纠纷，离婚冷静期的设置可以在一定程度上起到积极作用。

特别需要说明的是:离婚冷静期不是家暴的"帮凶"。《民法典》第 1077 条仅适用于自愿到婚姻登记机关登记离婚的行为。换言之,离婚冷静期的规定只适用于协议离婚,不适用诉讼离婚。遇到家暴等危及人身安全的行为,可先分居并选择诉讼离婚解决问题。我国《反家庭暴力法》也明确规定,遭遇家暴,可以寻求工作单位、民政部门、村委会、居委会的帮助,也可以报警保护自己,或者申请人身安全保护令保护自己。涉及家暴行为是法院审理离婚案件中确认夫妻感情破裂,判决离婚的重要考虑因素之一。

但是,我们也的确看到,家暴行为并不必然只存在于诉讼离婚当事人中。如夫妻双方自愿就离婚事项达成合意,符合协议离婚的条件,已到婚姻登记机关申请离婚,但正处在离婚冷静期内的当事人遭遇家暴等危及人身安全的行为,或者一方有转移财产的行为,法律如何救济?目前法律对此没有规定,需要在《民法典》实施过程中通过立法解释或司法解释加以完善,比如规定出现此种情形的,应立即中止或终止离婚冷静期。

法律本身并不是自由,而是自由的保障。离婚冷静期通过明确的、具体的边界规定，让当事人可以在这个边界范围内自由行使权利，更有边界感、确定感、安定感。设置这项规定的目的在于为协议离婚提供一个可以反悔或亡羊补牢的制度通道，其本身并不改变离婚进程。离婚冷静期也许不能拯救每一对濒临散伙的婚姻，但可以重塑灵魂，让婚姻双方都能在冷静中决定是选择坚守还是放弃。

收养的法律原则

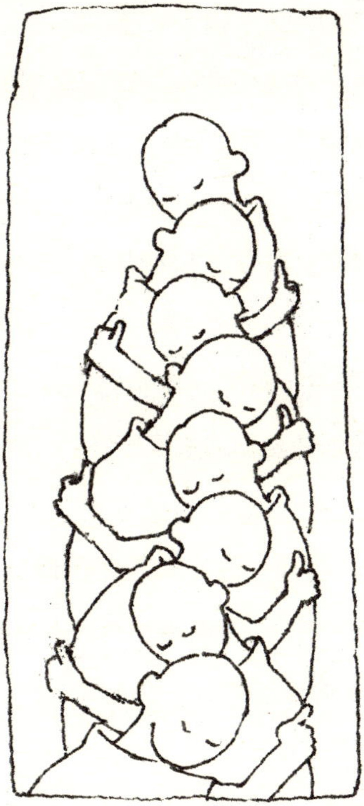

韩红的一首《天亮了》，曾唱哭了亿万观众。这首歌的背后是一个真实的故事。1999 年，贵州马岭风景区正在运行的缆车意外坠落，缆车上的 14 位乘客不幸遇难，但在悲剧发生时，一对年轻夫妇用双手托起了自己两岁半的儿子，儿子得救了。韩红经过多方联系，收养了这个大难不死的小孩潘子灏并创作了《天亮了》，这首歌为伟大的爱而创作。在韩红的陪伴和教育下，这个孩子已经成年。

但是，并非每个被收养的孩子都能得到非常好的照顾。2015 年，一组男童背部、手臂、腿上布满了伤痕的照片在网络上疯传。后查明，这是一位不符合收养条件的李某抚养的孩子。因为学习问题，李某使用抓痒耙、跳绳抽打受害孩子身体，造成其体表分布较广泛的挫伤。经鉴定，受害儿童挫伤面积超过体表面积的 10%，属轻伤一级。经检察机关提起公诉，法院判处李某有期徒刑 6 个月。

收养制度既是社会制度，也是法律制度，具有悠久的历史和发展渊源。现代社会的收养制度强调以保护儿童最大利益为最高指导原则，我国也不例外。具体体现为以下方面：

最有利于被收养人原则

《民法典》明确规定,被收养人是未成年人。未成年人在民法上,是无民事行为能力人及限制民事行为能力人,是自然人中最弱小群体的重要组成部分,他们在行为上、智力上、生理上,都不能或者很难自己独立生存。建立收养制度的目的,就是考虑到未成年人当中有一部分人无人抚养或无有能力的人抚养。《民法典》规定,被收养的未成年人应当是丧失父母的孤儿、查找不到生父母的未成年人、生父母有特殊困难无力抚养的子女。他们都是未成年人中的特殊群体,是最需要创建法律制度予以保护的弱小群体,因此在立法上有必要向被收养人的利益倾斜。

从收养的内容上,立法的倾斜保护集中体现在对被收养的未成年人的保护。如《民法典》规定,如果收养的未成年人年满8周岁以上,要征得被收养人同意。收养人在被收养人成年以前,不得解除收养关系,但是收养人、送养人双方协议解除的除外。养子女8周岁以上的,应当征得本人同意。这些规定,目的也主要是最大限度地保障被收养人的合法权益。

建立收养制度，目的之一是有效贯彻与落实保护儿童合法权益的原则，保护未成年人的健康成长。《民法典》在明确规定被收养人范围的同时，也对收养人的条件进行了规定，体现了有利于被收养的未成年人抚养、成长的精神，是我国收养制度的基础性原则。

保障被收养人和收养人合法权益原则

法律只有能够充分保障收养人与被收养人的合法权益，收养关系才能得到健康发展。如果仅仅单方强调保护被收养人的利益，容易导致收养人利益被轻视，甚至被否定。收养关系一经建立，收养人和被收养人之间就形成了拟制父母子女关系，具有法律上的权利和义务。收养各方均应依照法律规定，正确地行使权利、履行义务。

其实，收养人的收养行为，除具有道义上的价值外，同时也蕴含一定的感情和生活方面的正当、合理需求；收养人在履行对被收养人的抚养教育义务后，有权得到正常的回馈。尊老爱幼是中华民族的传统美德，幼有所爱、老有所养是人们崇尚的美德，也是基本伦理道德观。

因此，在以“育幼”为主的前提下，也应兼顾收养人的利益，鼓励“养老”，以此推动收养制度养老育幼功能的健康发展。《民法典》规定，被收养人成年后，即便与收养人解除了收养关系，也应承担赡养义务，就体现了这一原则。

严禁买卖未成年人原则

《民法典》明确规定禁止买卖未成年人，对保障被收养的未成年人利益原则做了进一步深化，有助于防止收养领域中的违法犯罪行为，进一步完善收养制度。禁止借收养名义买卖未成年人，不仅是从源头保障被收养人，而且对于改变传统的男尊女卑、多子多福观念等方面均具有重要的现实意义。《民法典》肯定并坚持这一基本原则，目的是打击“人贩子”，借收养名义拐骗、买卖儿童的，包括出卖亲生子女的，依法追究民事责任，构成犯罪的，依法追究刑事责任。

谁能成为法定继承人？

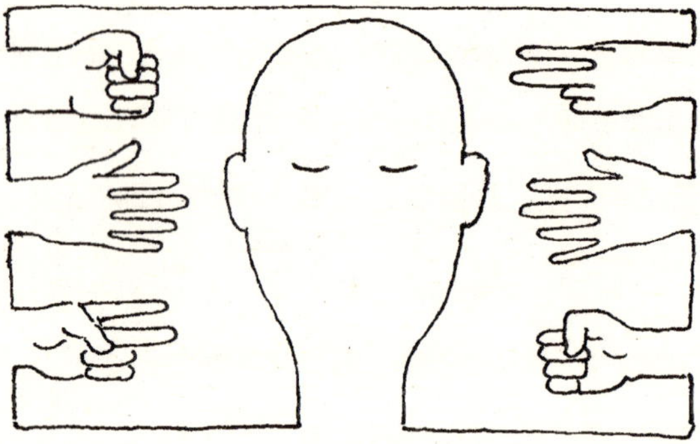

《民法典》继承编需要解决的最重要问题是规定“谁是继承人”。由于遗嘱继承中可以指定继承人,《民法典》对遗嘱继承重在对“遗嘱”作出明确规定。而对于无遗嘱继承,则需要通过法律对“谁是继承人”“谁先继承”“继承多少”等作出明确规定,否则,难以发挥继承法的“定分止争”作用。但是,因国情、文化传统以及社会发展阶段等不同,各国关于法定继承有着不同的规定。了解这些规定,可以帮助我们更好地理解《民法典》的相关内容。

法定继承人的范围

法定继承基于身份关系而产生,或者基于婚姻,或者基于血缘,这在世界各国家和地区的相关规定中是一样的,都是以婚姻关系和血缘关系为基础来确定法定继承人的范围,但具体制度设计有所不同。

各国都将配偶作为继承人,只是在继承顺位上有差别。而在血亲继承方面,有的国家和地区规定得非常宽泛,对于血亲继承没有亲等限制,比如德国,被继承人的直系血亲、旁系血亲都可以成为继承人;有的国家和地区规定得相对狭窄,比如意大利法律不承认超出六亲等以外的血亲享有继承权;在我国台湾地区,对于直系晚辈亲属没有亲等限制,但是直系尊血亲止于祖父母,旁系血亲止于兄弟姐妹。

根据我国原《继承法》第 10 条规定,继承人的范围包括:配偶、子女、父母、兄弟姐妹、祖父母、外祖父母。此外,对公婆尽了主要赡养义务的丧偶儿媳和对岳父岳母尽了主要赡养义务的丧偶女婿也是法定继承人。

在《民法典》编纂过程中,有不少人提出原《继承法》对法定继承人的范围规定过窄,建议扩大。有人建议增加孙子女、外孙子女为法定继承人,有人建议增加侄子女、外甥子女、叔伯姑舅姨为法定继承人。这些意见没有被直接采纳,但在继承顺位的安排以及代位继承的安排中,其中的合理成分被吸纳,《民法典》第 1127、1128 条对此作了规定。

继承人的继承顺序

由于法定继承人通常为多个人,因此需要在法律上明确法定继承人之间应当优先取得继承的人选。一般而言,被继承人与继承人之间血缘关系远近以及共同生活关系的密切程度是各国法律确定法定继承顺序的主要依据,但是,各国继承法也有具体差异。

（一）配偶的继承顺序

血缘关系不可改变，但婚姻关系则可因离婚而解除，因此，配偶与血亲作为继承人有所不同。有些国家和地区会区分血亲继承人和配偶继承人，不将配偶继承人列入固定的继承顺序，使得配偶可以与任何一个继承顺序的血亲继承人按不同的应继份比例继承遗产；但血亲继承人有固定的继承顺序，并且其顺序不同，继承遗产的比例也不同。比如，德国、瑞士以及我国台湾地区采用这种方法。

在《民法典》编纂过程中，也有学者提出了区分血亲继承人和配偶继承人，并不固定配偶继承人的顺序的建议，但没有得到采纳。《民法典》规定的是，配偶固定为第一顺位继承人。

（二）父母的继承顺序

关于父母的继承顺序，不同国家和地区也有不同的规定。一般认为，传统上的继承通常是由卑亲属继承尊亲属，因此，法律应规定遗产由直系血亲卑亲属继承，以维护财产由上向下传递的人类社会约定俗成的规则。但为了避免遗产向旁系血亲分散、从被继承人家庭内部流向家庭外部，可以将父母作为第二顺序继承人。很多国家和地区都采取了这种方法，如法国、德国、美国、韩国、奥地利等，我国台湾地区也作出了这样的规定。但是，也有人认为，死者生前应当赡养父母、抚养子女，死亡后，其财产也应继续承担该功能。因此，父母与子女应并列为第一顺序继承人，俄罗斯和伊朗采用了这种方法。

在《民法典》编纂过程中，有学者提出了将父母列为第二顺序继承人的建议。但立法者认为，依循我国孝文化的传统，推定先于父母死亡的人希望能够留下一笔遗产使其父母安度晚年，因此，还是采用了将父母与子女并列为第一顺序继承人的方法。

（三）继承顺序的多寡

一般而言，继承顺序的多寡，与法定继承人的范围有关，继承人范围越宽，继承顺序越多。如俄罗斯的法定继承顺序有 8 个，英国、美国、澳大利亚的法定继承顺序有 5 个，日本的法定继承顺序有 3 个。

在《民法典》编纂过程中，有人提出我国的法定继承顺序只有两个，相比于其他国家过少，建议将侄子女、外甥子女作为第三顺序继承人，将伯叔姑舅姨作为第四顺序继承人。立法者认为，我国的法定继承人范围不宽，不必增加新的继承顺位，因此，只确定了两个法定继承顺序。

亲等及其计算

《民法典》继承编中关于继承权的规定，很多是建立在血亲关系之上的，特别是关于法定继承的范围和顺序的规定，更是建立在有关直系血亲与旁系血亲的标准之上。此外，《民法典》婚姻家庭编中有关亲属、结婚的规定，也与血亲有关。因此，我们学习《民法典》，也应该理解和掌握“亲等”的概念及基本计算方法。

亲等是指亲属的等级，是计算亲属关系亲疏远近的单位。例如，《日本民法典》对亲等作了比较完整的规定，分为两类：其中一类是血亲，“称直系血亲者，谓己身所从出或从己身所出之血亲。称旁系血亲者，谓非直系血亲，而与己身出于同源之血亲”。“血亲亲等之计算，直系血亲，从己身上下数，以一世为一亲等；旁系血亲，从己身数至同源之直系血亲，再由同源之直系血亲，数至与之计算亲等之血亲，以其总世数为亲等之数。”另一类为姻亲，“称姻亲者，谓血亲之配偶、配偶之血亲及配偶之血亲之配偶”。“姻亲之亲系及亲等之计算如左：一、血亲之配偶，从其配偶之亲系及亲等。二、配偶之血亲，从其与配偶之亲系及亲等。三、配偶之血亲之配偶，从其与配偶之亲系及亲等。”

从继承法的角度看，法定继承人的范围以及继承顺序都必须以这种亲属关系为基础来确立;而一旦法律确定了法定继承人的范围和继承人顺序之后,不同亲疏远近的亲属会在继承权上有很大差异。

国外的亲等计算方法

在世界范围内,都是以出生次数(代数,或称世数)为标准来计算亲等,一代(一世)即为一亲等。但具体的计算方法可分为两种。

(一)罗马法的亲等计算法

这种方法源于罗马法,因其计算方法简便、科学、合理,欧洲大陆法系国家基本上采用了这一方法,《日本民法典》规定的也是这一方法。具体可分为直系血亲亲等和旁系血亲亲等计算法。

直系血亲亲等计算法是从己身上数或下数,以间隔的世代数定其亲等数,即从自己往上数,每经一代为一亲等,从自己往下数,每经一代也是一亲等。这种算法虽然从自己往上或往下数,不算己身,以一世代为一亲等,世代数之和为直系血亲的亲等数。如:父母与子女之间是一亲等,祖(外祖)父母与孙(外)子女之间是二亲等。亲等数越少,表示亲属关系越近;亲等数越多,表示亲属关系越远。

旁系血亲亲等计算法,是先找出同源直系血亲,即从己身上数至双方共同的直系血亲(同源人),每经一代为一亲等;再从所指的亲属往上数至同源人,也是每经一代为一亲等,最后两边所有亲等数相加所得之和,即为己身与所指亲属的亲等数。如自己与堂兄弟姐妹的亲等,须先找到自己与兄弟姐妹的血缘同源人即祖父母,分别从自己和堂兄弟姐妹这两边往上数至祖父母,两边分别为“2”,最后将两边的亲等数相加(2+2=4)。这样,自己与堂兄弟姐妹之间为四亲等旁系血亲。简言之,是从己身上数到同源的直系血亲,再由同源的直系血亲下数到所要计算亲等的亲属,合计其代(世)数以定亲等。

姻亲方面,血亲的配偶从其血亲的亲等。如子为直系血亲一亲等,则媳为直系姻亲一亲等。配偶的血亲,则从其配偶的亲等。如岳父母为妻的直系血亲一亲等,也即丈夫的直系姻亲一亲等。配偶血亲的配偶,也是从其配偶的亲等。如妯娌即以丈夫的兄弟与丈夫的亲等计算,为旁系姻亲二亲等。

(二)寺院法计算法

这是来自欧洲中世纪寺院法的计算方法,英国采用的是寺院法计算法。

在寺院法计算法中,其直系血亲的方法与罗马法计算法相同。(见图1)

旁系血亲,则从己身上数到同源的直系血亲,再从同源的直系血亲下数到所要计算亲等的亲属,代(世)数相同,可按一方的代(世)数来定亲等;如果代(世)数不同,则按代(世)数多的一方来定亲等。如计算己身与伯叔的亲等,先从己身上数到同源的祖父母,作为二亲等,再从同源的祖父

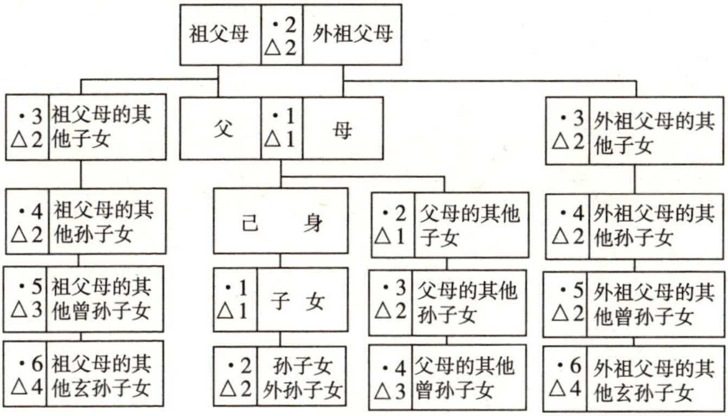

图1 罗马法、寺院法亲等(·罗马法、△寺院法)

母下数到伯叔,作为一亲等。这两个方面的代(世)数不同,从其多数一方定为二亲等。这种计算法并不能准确地表示旁系血亲间的亲疏远近的关系。

中国的亲等计算方法

在中国古代,以丧服的差别来区分亲属之间的亲疏远近,服重则亲近,服轻则亲远。丧服分为5等,即斩衰三年之服,齐衰期年之服,大功九月之服,小功五月之服,缌麻三月之服。这一计算方法除以血统的亲疏远近作为标准外,还参照亲属的名分、尊卑进行计算。

清朝末年、中华民国初年的《民律草案》采用了寺院法计算法。中华民国国民政府的民法,改用罗马法计算法。

中华人民共和国成立后,废除宗法制度及其丧服制,以最简便的群众习惯的方法计算亲等。1950年制定的《婚姻法》有“其他五代内的旁系血亲间禁止结婚的问题,从习惯”的规定。1981年实施的《婚姻法》规定“三代以内的旁系血亲”禁止结婚。《民法典》第1045条规定了“亲属包括配偶、血亲和姻亲”,第1048条也将“三代以内的旁系血亲”纳入禁止结婚的范围。

由此可以看出，我国法律虽然没有明确规定“亲等”的概念，但实际上在《民法典》婚姻家庭编和继承编中都涉及了亲等的计算问题。目前采用的计算方法，是最简单的代数计算方法，即以己身为一代，父母为一代，祖父母（外祖父母）为一代，从己身上数到祖父母、外祖父母共为三代。旁系血亲，如从祖父母（外祖父母）同源而出，就是三代以内的旁系血亲。按照这种计算方法，堂兄弟姊妹、表兄弟姊妹间以及伯叔姑与侄、甥与舅间，均不得结婚。而在继承制度中，侄子女、外甥子女，享有代位继承权。

亲等计算是与“法定继承”关系密切的问题，有点复杂。图2做个简要归纳，供大家参考。

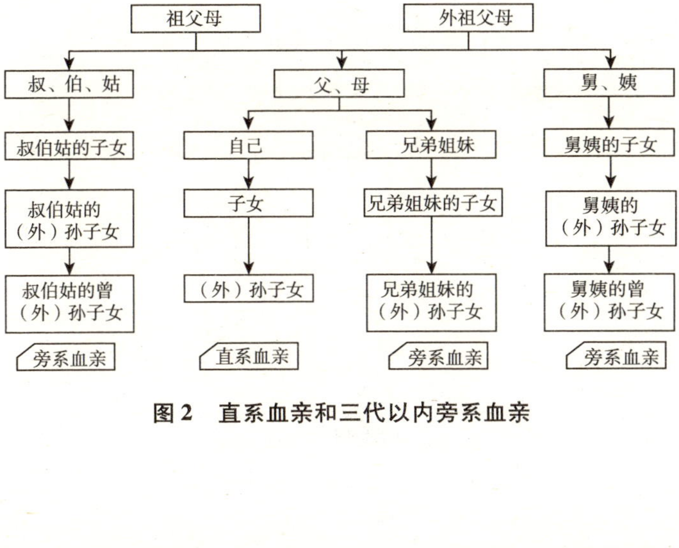

图2　直系血亲和三代以内旁系血亲

能够订立遗嘱把遗产留给宠物吗？

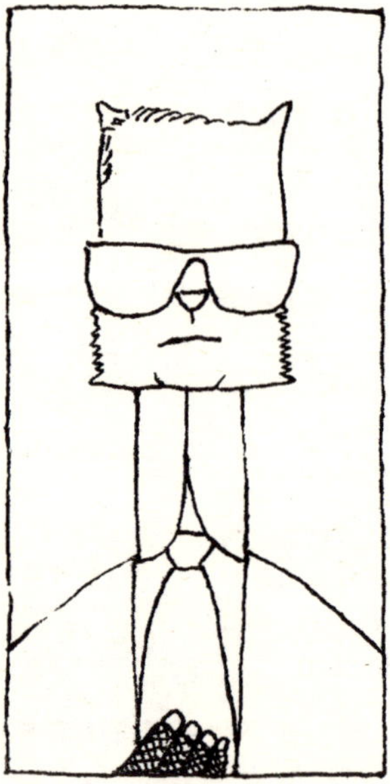

市民赵女士是独生女且未结婚生子，父母去世多年。单身多年的赵女士为排解孤独，养了两条狗，一条泰迪，一条拉布拉多。平日里，赵女士与它们相依为命，视两条狗为亲儿子。退休以后，赵女士觉得更加无聊，以两条5岁多的狗为最大的精神寄托。赵女士因为年纪大了，觉得健康状况不太好，担心自己过世后，两条爱犬没有了主人的陪伴照顾，会流浪街头。于是，赵女士决定立下遗嘱，把其所有的一间60多平方米、市价在60万元左右的住宅，委托他人在自己去世后出售，卖房所得款项作为遗产留给两条爱犬，找人照顾它们的后半生。

赵女士写好遗嘱后，到公证处要求公证。公证处的工作人员表示很理解赵女士的心情，但因无法可依，所以爱莫能助。

我国现行《民法典》继承编中没有关于动物继承的相关规定，在《民法典》编纂过程中，也有人从保护动物的角度提出，《民法典》应规定动物的主体地位，让动物能够享有民事权利。但这一建议，没有得到采纳。

在现实生活中，随着人民生活水平的提高，养宠人士越来越多，《2019年中国宠物行业白皮书》（消费报告）显示，

2019 年中国城镇宠物（犬猫）整体消费规模达到 2024 亿元，犬猫数量 9915 万只，犬猫主人达 6120 万人，其中，单身人士占比为 32.5%。越来越多的人在与宠物的相处中收获幸福感，他们不只是把宠物当作动物，甚至把宠物当作自己生活的伴侣，视为家庭中的一员。今后，像赵女士这样希望把遗产留给宠物的情况，可能会越来越多。

那么，赵女士想自己去世后不能让爱犬流浪街头的心愿可以达成吗？从现行法律规定看，赵女士可以找到解决问题的办法。我国《民法典》规定了遗赠制度，根据赵女士目前没有法定继承人的情况，赵女士可以选择订立附条件的遗嘱，在遗嘱上写明将财产遗赠给第三方，但说明继承财产的条件是必须养育两条爱犬。第三方可以是赵女士的好友或非法定继承人的亲属，也可以是动物保护公益组织，赵女士可以根据自己的情况决定。

我们知道，世界上有的国家的法律允许通过遗嘱的方式将遗产留给动物继承，比如德国。但这些国家的法律规定动物可以继承遗产，并非将动物作为法律上的主体，而是为了保护立遗嘱人对自己财产的处分权，体现的是私有财产神圣不可侵犯原则；同时，也有对人与动物的亲情考虑。

最近几年，有一个大家所熟知的名人遗产继承问题，可以说明不同国家有关遗嘱继承的不同法律规定。2019 年 2 月，法国奢侈品品牌香奈儿艺术总监、被国内时尚界尊称为“老佛爷”的卡尔·拉格斐去世，他没有儿女，只有一只名为“泡芙”的爱猫。由于拉格斐生前为“泡芙”安排了专属女佣和司机，为“泡芙”开设的社交账号拥有 16 万粉丝，一年广告收入可达 300 万欧元，拉格斐也曾数次对外宣称要将遗产留给“泡芙”。他去世后，“泡芙”能否继承遗产成为世界关注的“焦点”。

由于拉格斐在法国工作，按照法国的继承法规定，宠物不能继承主人名下的财产，想让宠物享有主人的财产，拉格斐可以纳税人的身份将个人财产作为遗产捐赠给动物保护协会或是宠物未来的监护人。但拉格斐是德国人，根据德国的财产继承法律规定，宠物可以继承主人名下的财产，拉格斐可以通过立遗嘱的方式说明财产继承以德国法律为准，让“泡芙”顺利继承遗产。因此，有不少媒体从两国法律出发，为拉格斐的遗产继承“出主意”。如《世界报》称，拉格斐有两个选择：第一，利用自己的德国国籍，在遗嘱中说明遗产继承按德国法律进行，让“泡芙”继承遗产；第二，使用“法国纳税人”身份将遗产捐赠给动物保护协会或“泡芙”的未来监护人。

实际上，拉格斐生前已经立有遗嘱，遗嘱指定了七名继承人，其中“泡芙”的专属管家和摄影师 Franoise Caote 女士是继承人，继承遗产的条件是照顾好“泡芙”。这意味着拉格斐是按照法国的继承法规定，为“泡芙”指定监护人，“泡芙”没有直接继承财产。

但是，由于负责启动遗嘱继承程序的会计师弗莱德兰德·卢西安从 2019 年 9 月起关闭了自己的办公室，并且从公众面前“消失”，据说这位 96 岁高龄的会计师因为身体原因无法把这个重大的遗产分配事件进行下去。到现在为止，拉格斐的遗产继承程序还未真正开始，继承开始后，还会遇到哪些法律问题？Franoise Caote 女士是否能够顺利继承遗产？“泡芙”是否能够享用遗产？都还是未知数。

有温度的继承宽宥制度

继承制度与一定的社会经济条件密切相关，作为一项古老的法律制度，其目的在于将财富保持在家庭中，让每一代人都可以继承，实现老有所养、幼有所依，并通过亲人间的相互扶助，密切代际联系，激发家庭成员创造财富的积极性。

一般认为，子女继承父母的遗产天经地义。但在实际生活中，也的确有很多不孝子女，平时对父母不管不问、不尽孝道；甚至有些子女还有虐待、遗弃父母的恶劣行为，一旦父母去世，就抢着分遗产。为此，我国 1985 年颁布的《继承法》规定，一旦继承人出现虐待、遗弃被继承人，伪造、篡改遗嘱等行为就会永久丧失继承权。

然而，随着经济的飞速发展，公民的私有财产在不断增加，社会家庭结构与继承观念也发生了新变化。随着计划生育政策的影响，独生子女一代已经开始面临继承问题，虽然可能会有少数家庭出现不善待老人、妨碍设立遗嘱等情形，但作为独生子女，给父母养老送终是无法推脱的。如果不孝子女有悔改表现，也能得到老人的宽恕，却因为法律规定始终不能“浪子回头”，使遗产由第二顺位继承人继承甚至无人继承，此时，仅有继承权丧失制度就不够了，需要增加新的制度。

为此,《民法典》新增加了继承权宽宥制度,使社会上出现有悖继承制度初衷的情形时,有继承权丧失与宽宥制度相配套,完善了我国的继承法律制度。

继承权丧失就是我们平时所说的依法剥夺继承权,指本来有继承权的自然人,因对被继承人、其他继承人实施了严重的违背人伦行为,依照法律规定丧失继承权。《民法典》第 1125 条第 1 款对继承权丧失事由作出了规定,主要有:(1)故意杀害被继承人;(2)为争夺遗产而杀害其他继承人;(3)遗弃被继承人,或者虐待被继承人情节严重;(4)伪造、篡改、隐匿或者销毁遗嘱,情节严重;(5)以欺诈、胁迫手段迫使或者妨碍被继承人设立、变更或者撤回遗嘱,情节严重。

宽宥制度又称为宽恕制度,是以继承权的丧失为前提,指被继承人在情感上对继承人的故意或过失行为予以谅解和宽恕,并且对继承人继承身份或资格再次认可、肯定与承认,表示愿意恢复其已丧失的继承权。根据《民法典》第 1125 条第 2 款的规定,继承人有第 1 款第 3 项至第 5 项行为,确有悔改表现,被继承人表示宽恕或者事后在遗嘱中将其列为继承人的，该继承人不丧失继承权。这就给了那些丧失继承权的继承人一个改过自新的机会，让他们可以在认识到自己的错误后努力弥补，善待被继承人且修正自己的不当行为，重新取得继承的权利。

宽宥制度的诞生体现了国家对于公民私有财产的保护和尊重，也可以使其与继承权丧失制度相互助力，敦促继承人或是具有继承期待利益的人，在家庭中秉持夫妻和睦、兄弟互助、养老育幼、诚信孝顺的原则，践行社会主义核心价值观，让家庭财富在家庭中具备良好品德的人手中发挥作用，更好地保障社会公平正义。

值得注意的是，《民法典》第1125条第2款规定的宽宥制度，给了曾经的“浪子”一个“回头”的机会，但宽宥制度并不针对所有的继承权丧失情形，必须准确适用。

首先，宽宥不包括故意杀害被继承人或为争夺遗产而杀害其他继承人的情形。故意杀害被继承人或其他继承人的行为，无论是否被刑法追究责任，都丧失了被宽宥的基础，不得恢复继承权。

其次，继承人确有悔改表现。法律要求的悔改是有实质意义的表现，而不仅仅是口头认错。如曾经有遗弃、虐待被继承人行为的,确有悔改,能够积极赡养被继承人,给予被继承人精神、物质上的关爱。

最后,被继承人表示宽恕或者事后在遗嘱中将其列为继承人。这是关键,宽宥的前提是尊重被继承人的意愿,被继承人有处分自己财产的自由,是否宽恕,则取决于被继承人。如果被继承人愿意宽恕,也应有明确的表示。

因此,《民法典》继承编中的宽宥制度,是一个有温度的制度。虽然不是每个家庭都会出现继承权丧失和宽宥的情况,但却可以让每一个人感受到法律的关怀。

为什么要确立遗产管理人制度？

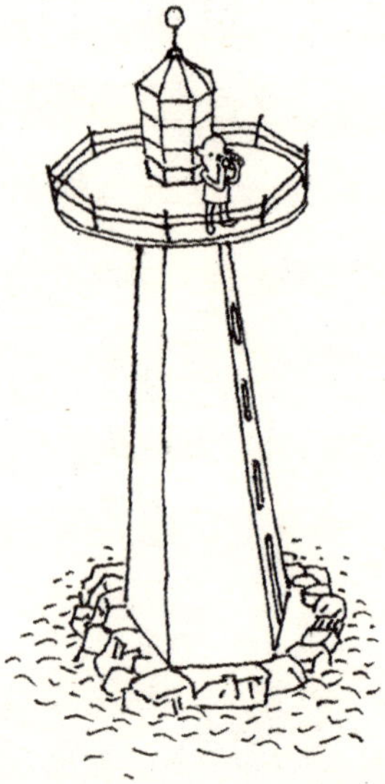

大家应该记得相声艺术家侯耀文遗产案。当年,侯耀文突发心脏病离世,但生前没有订立遗嘱,其哥哥侯耀华等人料理后事并实际掌握遗产和相关证件,在继承开始的两年里不让法定继承人清点遗产和封存遗物。因侯耀文的遗产范围不清楚,继承人对其继承份额有争议。最终,侯耀文的法定继承人认为侯耀华等人随意处置遗产,侵害了其继承权,引发了一场旷日持久的遗产争夺大战。

还有一个著名的遗产纠纷案件。我国香港特别行政区著名女富商龚心如因病去世,留下巨额财产;但却出现了两份龚心如的遗嘱:一份于2002年设立,约定由华懋慈善基金进行遗产管理;另一份由风水师陈振聪持有,陈声称龚心如将遗产全部赠与他。两份遗嘱内容完全不同,无法确定继承人。2009年,香港高等法院在审理此案过程中暂定了遗产管理人,由其暂时管理龚心如遗产,并在法院确定有效遗嘱后,由遗产管理人将剩余遗产交付给继承人。

这两个案件在一定程度上说明了为什么需要建立遗产管理人制度。侯耀文的遗产继承发生时,没有遗产管理人制度,当出现继承遗产范围不确定,遗产的实际占有人侵占、转移、不交付遗产给继承人的情形时,不仅继承人的继承权不能实现,债权人的债权也无法实现。而在龚心如遗产继承案件中,两份遗嘱真假难辨导致继承人不能明确。但我国香港特别行政区已经有了较为完善的遗产管理人制度,便可以在继承人不能明确时,由香港法院根据当事人申请确定遗产管理人。由遗产管理人清点遗产、代为处理外部债权债务等事项,待继承人确定后,遗产管理人再将剩余遗产交付给继承人。由此可以看出,当继承人不明或遗产范围不明时,可能造成继承开始后的一段时间内遗产处于悬而未决状态。遗产管理人制度可以很好地保护遗产并进行遗产分配,避免遗产在争讼过程中被恶意侵占或造成流失、毁损。

遗产管理人制度起源于英美法,后为世界各国民法广泛采用。它是指在继承开始后遗产交付前,有关主体依据法律规定或有关机关指定,为维护遗产价值和遗产权利人合法利益,对被继承人的遗产实施管理、清算的制度。

我国原《继承法》中,并没有遗产管理人制度。《民法典》顺应社会需求,增设遗产管理人制度,是对继承法律制度的创新和发展。

经过改革开放,中国的社会结构发生了重大变革,人们所拥有的财产种类、财产形式日趋多样化,财产状态变得不稳定的因素和风险也日益增多。2019年《中国统计年鉴》显示，近十年来我国公民的财富种类日益丰富，财产数额与范围也逐渐扩大，个人财产形式已从简单的房产、存款等扩展至股权、股票、金融、保险产品以及比特币、游戏账号、游戏装备等虚拟财产，使遗产范围呈现多样化和复杂化特点。

同时，我国人口老龄化日趋严重，遗产的合理分配问题更加受到重视。很多人的继承观念深受中国传统孝道文化影响，在父母双方都去世后才会对父母的遗产进行分割，导致在父母一方死亡至另一方去世前，存在一个较长的遗产处分“空窗期”，遗产被侵害或损害的风险始终存在。另外，中国红十字会调查数据显示，排除不可预见和不可抗力造成的意外死亡，我国每年非正常死亡人数超过800万。这种毫无征兆的死亡人数庞大，遗留下来的财产处理问题也是相当困难和复杂的。还有，非婚生子女的大量存在也导致家庭结构、继承人情况进一步复杂化。

法律承认“父债子还”“人死账清”吗？

在我国民间，一直就以“父债子还”的态度对待死者遗留下来的债务。有学者为研究这种文化现象，专门在北京、广州等城市做了问卷调查。结果显示，现代社会中该观念依然影响很大，大多数人认为“父债子还”理所当然；少部分人认为“父债子偿”是封建思想的残余；也有人认为，应该是“人死账清”。

这个问题在法律上属于被继承人的遗产债务清偿问题。《民法典》第1161条规定：“继承人以所得遗产实际价值为限清偿被继承人依法应当缴纳的税款和债务。超过遗产实际价值部分，继承人自愿偿还的不在此限。继承人放弃继承的，对被继承人依法应当缴纳的税款和债务可以不负清偿责任。”据此，可以说，法律上的遗产债务清偿规定，既不是“父债子还”，也不是“人死账清”。因为用于偿还债务的财产是“父亲”的而不是“儿子”的，所以本质上仍然是“父债父还”；同理，因为要继承遗产就需偿还被继承人生前所负的债务，也就不会“人死账清”。

遗产债务的范围

根据我国法律的有关规定，遗产债务主要有以下几类：

(1)被继承人生前依照税收法规应当缴纳的各种税款,如个人所得税、车船使用税、营业税等。(2)被继承人生前因未履行合同所负的债务,如买卖合同中未支付的货款、借贷合同中未偿还的本息等。(3)被继承人生前因实施侵权行为而对受害方所承担的损害赔偿的债务。(4)被继承人生前因实施不当得利而负担的返还不当得利的债务。(5)被继承人生前因是无因管理的受益人,而对管理人所承担的补偿其必要费用的债务。(6)其他应由被继承人承担的债务,如个人合伙或合伙企业的债务中,属于被继承人应当承担的部分;又如夫妻为共同生活所负的债务,应当共同偿还。

清偿遗产债务的原则

根据《民法典》和相关司法解释,继承人在清偿遗产债务时,应坚持如下原则。

(一)接受继承与承担债务清偿责任相统一原则

继承人接受继承意味着财产权利和财产义务一并接受,不能只享受财产权利而不承担财产义务。接受继承的继承人同时依法接受了债务清偿责任,放弃继承的继承人不承担债务。这是《民法典》规定的继承权利义务相一致原则的体现。

（二）限定继承原则

继承人对被继承人的遗产债务的清偿只以遗产的实际价值为限，超过遗产实际价值的部分，继承人不负清偿责任。也就是说，继承人对被继承人的遗产债务不负无限清偿责任，而仅以继承的遗产的实际价值负有限的清偿责任，超过部分可以不予清偿。如果继承人自愿清偿超过遗产实际价值的部分，不在此限。

（三）应为特定继承人保留必要遗产份额原则

《民法典》第1159条关于“遗产分割时的义务”规定：“分割遗产，应当清偿被继承人依法应当缴纳的税款和债务；但是，应当为缺乏劳动能力又没有生活来源的继承人保留必要的遗产。”因此，在清偿遗产债务时，即使遗产的实际价值不足以清偿债务，也应当为需要特殊照顾的缺乏劳动能力的又没有生活来源的继承人保留适当的遗产，以满足其基本生活需要。

（四）清偿债务优先于执行遗赠原则

遗赠是被继承人以订立遗嘱的方式将其财产死后赠与国家、集体或法定继承人以外的人的法律行为。所谓清偿债务优先于执行遗赠，是在被继承人负有遗产债务的情况下，应当优先用遗产清偿债务,如留有剩余的遗产才执行遗赠。这主要是为了保障债权人的合法权益,防止被继承人利用遗赠逃避债务。为此,《民法典》第 1162 条确立了“清偿被继承人税款、债务优先于执行遗赠的原则”,明确规定:“执行遗赠不得妨碍清偿遗赠人依法应当缴纳的税款和债务。”

(五)有序清偿原则

在多种取得遗产方式并存的情况下,首先由法定继承人用其所得遗产清偿债务,不足清偿时,由遗嘱继承人和受遗赠人按比例用所得遗产偿还;如果只有遗嘱继承和受遗赠的,由遗嘱继承人和受遗赠人按比例用所得遗产清偿。为此,《民法典》第 1163 条确立了“既有法定继承又有遗嘱继承、遗赠时税款和债务的清偿”规则,“既有法定继承又有遗嘱继承、遗赠的,由法定继承人清偿被继承人依法应当缴纳的税款和债务;超过法定继承遗产实际价值部分,由遗嘱继承人和受遗赠人按比例以所得遗产清偿”。

从“以眼还眼以牙还牙”开始的侵权责任制度

《民法典》侵权责任编规定的侵权责任制度，是法律上最古老的制度。自人类社会形成之初，就有了“同态复仇”的习惯法，后来，逐渐形成成文法。据考证，在我们迄今为止知道的最早成文法典——公元前20世纪两河流域的《乌尔纳姆法典》中，就有关于侵权的规定。这意味着这个制度在成文法上已经有四千多年的历史。

原始社会时期，没有正式的法律，人们处理纠纷主要是靠习惯性规则。当时，人类生产力水平低下，生存环境险恶，面对自然的威胁，任何个人离群索居都等于自取灭亡，人必须在群体中生活。但是，群体内以及群体间都可能存在利益差异、重叠和冲突，如果没有规则存在，群体难以稳定、巩固和发展。由此，古代习惯法中有一个重要的共同规则——复仇。当人们遭受侵权之后，复仇是最主要的补救手段。

在这个时期，复仇分为族内和族外两种情况。对族内个人的复仇，一般是用宗教手段剥夺其享有的权利，甚至将其视如禽兽，剥夺其作为“人”的资格。对族外人则采取血族复仇方式，表现为受害人的血族对加害人的血族以群体的方式进行血斗。这种以命抵命的报复方式即“同态复仇”。《圣经·出埃及记》第二十一章将其描述为：“以命偿命，以眼还眼,以牙还牙,以手还手,以脚还脚,以烙还烙,以伤还伤,以打还打。”这也是“以眼还眼,以牙还牙”格言的由来。

同态复仇对团结氏族成员意义重大,但这种野蛮的、残酷的报复侵害人的方法不利于整个社会的稳定与发展。随着人类文明的进步和生产力的发展,人们开始认识到同态复仇的弊端,逐渐产生了一种相对文明的复仇方式——赎金制度。从某一天开始,成员被损害的氏族允许受害者及其族群进行选择,要么同态复仇、要么接受赎金。如果接受赎金而放弃复仇,就可以获得若干马匹或者其他牲畜,并且可以对获得多少赔偿进行协商。后来,因为这种“复仇方式”可以避免残酷的族群血斗,进而保障族群人口的增长,逐渐被广泛接受。这种制度虽然是各氏族间进行的“自由赔偿”,属于私力救济的一种方式,但它奠定了今天的侵权损害赔偿制度基础。

国家和法律出现之后,同态复仇、赎金等私力救济方式逐渐被公力救济取代。古代法律中,没有民法与刑法之分,因此,侵权损害赔偿实际上既是刑事责任又是民事责任。公元前 20 世纪的《乌尔纳姆法典》中,就有关于侵权损害赔偿的明确规定。例如,该法典第 16 条规定:“倘有人以武器损毁他人手或者足，则他应赔偿十舍客勒。”同法第 17 条规定：“倘有人以武器击断他人之骨，则他应赔偿银一明那。”同法第 18 条规定：“倘有人以武器击断他人之鼻，则他应赔偿银三分之二明那。”

到公元前 18 世纪，古巴比伦王国颁布《汉谟拉比法典》，规定同态复仇与赔偿由受害人选择。因为在巴比伦社会中，除了奴隶主和奴隶，还有自由民。《汉谟拉比法典》的很多内容用来处理自由民的内部关系。对于损害，其处理的原则是“以牙还牙，以眼还眼”；同时，也有关于赔偿的规定，如该法典第 206、207 条规定，自由民之间因争执发生人身损害，致自由民伤者要发誓并非故意为之且赔偿医药费用；致自由民死者同样要宣誓，如果死者为自由民的话，应赔偿银二分之一明那。

公元前 451 年，古罗马《十二铜表法》颁布，其对受害方与加害方相互协商的“赎罪金”制度作了明确规定，并且还规定了各种赎罪金的数额。如该法第 8 表“私犯”第 3 项规定：折断自由人的骨头的，处 300 阿司的罚金；如被害人为奴隶，处 150 阿司的罚金。该法第 8 表第 4 项规定：对人施行其他强暴行为的，处 25 阿司的罚金。同时，《十二铜表法》

还规定同态复仇性质的私人刑罚制度。

后来,罚金的使用越来越普遍,同态复仇越来越少被使用,这种变化也反映在法律上。如古罗马后来颁布的《阿奎利亚法》第一章规定:"如果某人非法杀死一名他人的奴隶或者一个属于牲畜的、他人的四足动物,他将被判罚按照该物在当年的最高价值向所有主赔偿。"

公元5世纪初,罗马帝国覆亡,日耳曼习惯法取代了罗马法。欧洲在公元5世纪到6世纪实行的是《萨利克法》。在《萨利克法》中,同样有关于赔偿的规定。如其第三十六章规定:如果有人被家畜杀死了,家畜的所有者应当支付一半补偿金(如果他本人杀死了这个人,他也必须要支付费用,以摆脱血亲复仇),另外一半,则交出该牲畜给控告人。这表明,在普通法系中,也有从同态复仇到赔偿的制度发展过程。

中世纪,欧洲由寺院法主宰,侵权法的发展受到阻碍,但是,开始有了民事责任与刑事责任的明确区分。文艺复兴时期,罗马法复兴对《法国民法典》关于侵权行为规范的制定产生直接影响。继《法国民法典》后,世界各国在民法典制定过程中,对侵权行为都作出了以赔偿为主要责任形式的规定。

中国古代的侵权责任法

中国历史上，法学文化和制度灿烂辉煌，在世界各国古代法制建设中具有重要地位，形成了独具特色的中华法系。其中，中国古代侵权责任法也是一个极其丰富的宝藏，内容十分丰富，内涵极其深刻，具有与西方古代侵权责任法完全不同的结构和内容。

据学者们研究，中国古代侵权责任法是一个格局相对固定的稳定体系，在自秦至清的历史长河中，其主干和体系没有发生明显变化，但有具体内容和细节的变化，清朝中国古代侵权责任法的发展达到了最高峰。清代侵权行为法包括4个类别15种制度。

侵害财产的损害赔偿制度

1. 备偿。备偿是古代侵权法上的主要赔偿制度。“备”字既有“赔”义，也有“全、完全”之意。备偿在字义上相当于今天的“全部赔偿原则”。清代使用追偿、追赔等，如《户律·田宅》规定，“凡弃毁器物及毁伐树木、稼穑者”，并验数追偿。

2. 偿所减价。其指原物受损以后，以其实际减少的价值作为赔偿标准，赔偿实际损失。律令规定，偿所减价只适用于牛、马等畜产遭受损害的情形,不适用于其他财产损害。

3. 折赔偿。这是明代才出现的赔偿责任形式,即将致害人的财产折为银数,按照受害人的数额进行均分。《清律·杂犯》"放火故烧人房屋"条规定:"并计所烧之物,减价,尽犯人财产折赔偿,还官,给主。"

4. 追雇赁钱。这种责任只适用于私借财物给他人使用时,侵害了所有人使用权的情形。赔偿标准是按照使用的日期计算,"按日追雇赁钱入官",如数赔偿但不得过本价。

5. 着落均赔还官。着落即应收与实收之间的差额。其掌管的工作由于过失而造成官府的财产收入损失,应由造成着落之人赔偿。这是对官员的赔偿责任。

6. 还官给主。这是最常见,也是适用最广泛的财产损害赔偿制度,相当于现在的返还原物,即赃物见在者,还官给主;赃物转卖后,持有赃款者,仍为见在,亦要依例追征,还官给主;另外,原物的花利等孳息,亦应还主,这就包括间接损失亦应返还。清代规定还官给主的适用范围达14种之多。

侵害人身的损害赔偿

7. 赎铜入杀伤之家。赎铜制是我国古代的赎刑。《清律》将赎刑分为三种，即纳赎、收赎、赎罪。一般情况下，赎金收归国有，但也规定可以将赎金给受害人及其家，作为对人身伤害的赔偿。赎铜制主要适用于动物致人损害、因公驰骤车马致死和庸医杀伤人等。

8. 断付财产养赡。将侵权人的财产责令给付被害人或被害人之家，用以赡养被害人或被害人的家属。养赡共分三种：一是断付财产给付死者之家，二是断付财产一半，三是定额养赡。

9. 追烧埋银。绝大多数是过失杀人（但杀死奴婢时不考虑是否过失所为）的赔偿。法律对适用范围有明确规定，比如无故向城市及有人居止宅舍放弹、射箭、投掷砖石因而致死，无故于街市、镇店驰骤车马因而致死等，其赔偿数额固定，清代为银10两。

10. 保辜。殴人致伤，区分不同情况，立一辜限，限内由侵害人即罪犯支付医疗费用治疗，辜限内治好，可以减轻处罚，辜限内医治无效，致死、致残，各依律科断刑罚。《清律·刑律·斗殴》"保辜"条注云："保，养也；辜，罪也。保辜谓殴伤人未至死，当官立限以保之。保人之伤，正所以保己之罪也。"由于是加害人出钱医治伤害，因而保辜制又是一种特殊的人身损害赔偿责任。

其他形式的侵权责任

11. 复旧或复故。其即为恢复原状。侵占巷街阡陌，占用了公用的通道，妨碍了他人的使用权，应当承担恢复原状的责任。

12. 修立。这是一种具有损害赔偿功能的恢复原状，适用于毁坏建筑物之类的场合。《清律·户律·田宅》："若毁损人房屋、墙垣之类者，计合用修造雇工钱，坐赃论，各令修立。官屋加二等。误毁者，但令修立，不坐罪。"这种形式从表面上看是恢复原状，但由于修立的费用是由侵权人承担，仍具有财产损害赔偿的功能。

13. 责寻。由于造成的损失无法用金钱计算，只能采取问责方式。《清律·吏律·公式》："凡弃、毁制书及衙门印信者"，"遗失制书、圣旨、印信者"，"俱停俸，责寻。三十日得见者，免罪"。"若主守官物、遗失簿书，以至钱粮数目错乱者"，"亦住俸，责寻。""住俸"是停薪，为行政责任。

其他侵权责任规定

14. 免责。法律规定了一些具体的免除赔偿责任的事由。例如，畜产啮人，杀伤有人指使的畜产，为正当防卫，杀伤无人指使的为紧急避险，这些都应免责。还有，“请受军器经战阵而损失，不坐，不偿”，因为行为人无过错而免责。

15. 保障制度。如果不履行民事责任，要以行政、刑事责任加以制裁，即以刑罚手段保证民事责任的履行。

由此可以看出，中国古代法律民、刑不分，侵权责任条款夹杂在刑事规则中，甚至在一个条款中有多种责任形式。但发展到清代，已经形成相对完备的制度体系，各项责任制度周到且严密，侵权损害以赔偿、补偿损失为主，责任构成的要求比较严格，是世界上极为先进的侵权责任制度。

中国近代的侵权责任法

中国近代的侵权责任法，主要是清朝末期变律为法和中华民国制定的民法中有关侵权责任制度的规定。这一时期，先后出现过《大清民律草案》《民国民律草案》两个草案和《中华民国民法》。《中华民国民法》是中国历史上的第一部民法典。

《大清民律草案》对侵权责任的规定

《大清民律草案》有"第一民草"之称，该法于宣统三年(1911 年)八月完成，未及颁行，清朝已亡。这部法律草案一改中国诸法合体模式，吸收西方民事立法内容和技术，是中国近现代民法创制的先驱。该草案在侵权责任的规定上，既借鉴《日本民法典》、《德国民法典》和《法国民法典》，又保留一定的中国特色，开启了中国侵权责任法现代化的大门。

《大清民律草案》基本上完整地规定了近代侵权责任制度，主要有如下方面：

第一，规定了过错责任原则，即"因故意或过失侵他人之权利而不法者，于因侵害而生损害负赔偿之义务"。中国历史上第一次确立了过错责任原则的法律地位，这是一个创举。

第二，规定了 7 种特殊侵权行为：一是官吏、公吏以及其他依法令从事公务的职员致害他人的侵权责任；二是规定了共同侵权行为，既规定了共同侵权行为的赔偿责任，又规定了共同危险行为人即准共同侵权行为的赔偿责任，还规定了教唆人和帮助人的共同加害人的法律地位；三是规定了法定监督人的赔偿责任；四是规定了雇佣人的致害责任，亦规定适用过错推定责任；五是规定了定作人指示过失的致害责任；六是规定了动物占有人对动物致人损害的赔偿责任；七是规定了瑕疵工作物致人损害的赔偿责任。

第三，规定了主要的侵权损害赔偿的确定和具体方法。主要有对伤害身体者的赔偿定期金，对侵害身体、自由或者名誉者的精神损害的赔偿，对侵害财产的可以适用返还原物、偿其物之减价额，对侵害生命权的损害赔偿，共同侵权行为承担连带赔偿责任。

第四，规定了侵权损害赔偿请求权的诉讼时效。

《民国民律草案》对侵权责任的规定

1911 年中华民国政府成立，初期基本沿用前清律令。1914 年法律编查会开始修订民律草案，1926 年形成史称“第二民草”的《民国民律草案》。该民律草案完成时,“北京政变”已经发生,因伪国会被解散,该草案未予公布。

该草案对《大清民律草案》做了一点体例调整,虽然还是将侵权法置于第二编债编,但未作为单独一章,而是放在了债编第一章“通则”第一节“债之发生”中,内容上没有大的变化。

第一,规定过错责任原则,把共同侵权行为纳入一般规定,把《大清民律草案》关于善良风俗的规定改为“故意以有伤风化方法侵害他人之权利”。

第二,规定各种特殊侵权行为。包括官吏及其他公务员的侵权责任、法定监督人的侵权责任、被使用人于执行事业不法侵害他人权利时其使用主的赔偿责任、定作人指示过失的侵权责任、动物加害他人的侵权责任,以及土地工作物设置或保存瑕疵的致害责任。

第三,规定损害赔偿的原则和方法。包括对侵害生命权及侵害生命、身体、名誉、自由的赔偿方法,对财产损害的赔偿方法。

第四,规定侵权行为的诉讼时效制度。一般诉讼时效为3年,最长时效为20年。

《中华民国民法》对侵权责任的规定

1929年,南京国民政府组织了民法起草委员会,在《大清民律草案》和《民国民律草案》的基础上,着手分编起草民法典,分别通过后由国民政府予以公布。随后颁布各编的施行法,民国民法分别正式实施。

《中华民国民法》在侵权责任方面沿用了《民国民律草案》,只是在具体编排上,将其由债编第一章第一节第二款变为第五款。该法在内容上与《民国民律草案》的规定变化不大,但在条文上做了缩减,文字尽可能精练、准确。

第一,规定侵权行为的一般规定,规定侵权行为的归责原则,确定了过错责任原则在侵权行为法中的主导地位;同时,确定了过错推定责任原则和直接责任。

第二,规定了特殊侵权行为,规定了公务员、法定代理人、雇佣人、定作人、动物致害、工作物致人损害等侵权责任。

第三,规定损害赔偿方法,包括对侵害生命权的赔偿,侵害身体权、健康权、名誉权、人格利益损害的赔偿,财物损害的赔偿。

第四,规定侵权行为的诉讼时效以及相关的问题。中国近代侵权责任法的建设，历时40年，完成了中国侵权行为法从封建性质的法律向近现代化发展的变革，卓有成效。特别是立法过程中体现的变革勇气与担当，借鉴国外先进立法经验与实际国情结合、科学法理与立法价值趋向结合的方法，对于我们学懂《民法典》、运用《民法典》都有非常重要的积极意义。

#《民法典》侵权责任编规定了哪些侵权责任？

“侵权要担责”是现代人应该具有的法治意识，也是我们在日常生活中运用法律武器维护民事权益最应该了解的法律知识。《民法典》侵权责任编作为承担侵权责任的重要法律依据，不仅规定了多种侵权责任，还对不同的侵权行为规定了承担侵权责任的条件。学好用好《民法典》，首先要了解侵权责任编规定了多少种类型的侵权责任。

一般来讲，学理上的侵权责任主要以归责原则不同，按照过错责任原则、无过错责任原则和公平责任原则，将侵权责任分为三类；在这三类之下，每一类又分为两种。这样一来，可以将《民法典》上的侵权责任分为三类六种。但这种分类比较学术化，也与我国《民法典》侵权责任编所规定的侵权责任类型不完全一致，有学者将其重新分类。

笔者认为，我国《民法典》侵权责任编将侵权责任分为七类十四种。当然，是否可以构成一类一种侵权责任，还应当作出具体分析，并且这些分类标准是否科学可行，也应当作出具体分析。因为这些分类之间存在交叉的地方，这一点使我国《民法典》侵权责任编不同于《法国民法典》关于侵权责任的规定。

第一类侵权责任：过错侵权责任。过错侵权责任分为两种：一般过错侵权责任和特殊过错侵权责任，其中的特殊过错侵权责任也被称为具体过错侵权责任。

第二类侵权责任：无过错侵权责任。无过错侵权责任分为两种：一般无过错侵权责任和特殊无过错侵权责任。

第三类侵权责任：公平责任。公平责任分为两种：一般公平责任和特殊公平责任。

第四类侵权责任：行为人就其本人的侵权行为对他人承担的侵权责任。行为人就其本人的侵权行为对他人承担的侵权责任分为两种：行为人就其本人的行为对他人承担的一般侵权责任和行为人就其本人的行为对他人承担的特殊侵权责任。

第五类侵权责任：行为人就别人的侵权行为对他人承担的侵权责任。行为人就别人的侵权行为对他人承担的侵权责任分为两种：行为人就别人的侵权行为对他人承担的一般侵权责任和行为人就别人的侵权行为对他人承担的特殊侵权责任。

第六类侵权责任：行为人就其高度危险物对他人承担的侵权责任。行为人就其高度危险物对他人承担的侵权责任分为两种：行为人就其高度危险物对他人承担的一般侵权责任和行为人就其高度危险物对他人承担的特殊侵权责任。

第七类侵权责任:行为人就其普通危险物对他人承担的侵权责任。行为人就其普通危险物对他人承担的侵权责任分为两种:行为人就其普通危险物对他人承担的一般侵权责任和行为人就其普通危险物对他人承担的特殊侵权责任。

因参加球赛受伤，该谁负责？

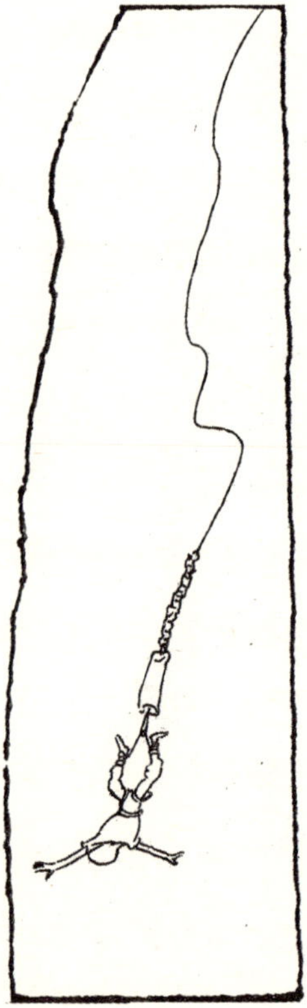

2021 年 1 月 4 日，北京市朝阳区人民法院依法审理并公开宣判了一件因在自发组织的羽毛球比赛中被对方击出的羽毛球击中右眼受伤而引发的案子，这也是北京市在《民法典》正式实施后运用《民法典》进行裁判的首个案件。

本案中，宋先生与周先生均为羽毛球业余爱好者，自 2015 年起自发参加羽毛球比赛。2020 年 4 月 28 日上午，宋先生、周先生与另外四人在朝阳区红领巾公园进行羽毛球比赛。比赛过程中，宋先生被周先生击打的羽毛球击中右眼受伤。宋先生以周先生侵犯其健康权、身体权为由诉至北京市朝阳区人民法院，要求周先生承担侵权责任、赔偿医药费等损失，并认为，即使周先生不存在重大过失，也应适用公平责任分担损失。而周先生认为，宋先生受伤前已连续参加三场比赛，其应知道自己是否适宜继续参加比赛及相应的风险。北京市朝阳区人民法院审理后认为，原告参加羽毛球运动应该清楚此项运动具有一定的危险性，而其自愿参加比赛，应当认定为自甘风险。根据《民法典》第 1176 条第 1 款的规定及《民法典》关于时间效力的司法解释，判决驳回了原告的全部诉讼请求。

《民法典》实施之前，法院还判决了另外一个案件。

于某原系某学院的学生，在校期间参加学院组织的篮球队，进行小组对抗训练时，于某左膝扭伤，篮球队教练让同学将于某送回家中休息，于某未进行治疗。某天，于某称下楼梯时活动受限，遂住院治疗。经鉴定，于某左膝损伤后遗症构成十级伤残。故于某向法院起诉，要求学院赔偿其医疗费、伤残赔偿金、住院伙食补助费、护理费、营养费。

法院审理后认为，篮球活动具有较强的肢体对抗性和人身损害的风险性，成年的篮球活动参与者对参与此项体育活动可能存在的风险应当有一定的预见性，于某虽在学院的组织下代表学校参加比赛训练，但亦属于自愿参加训练，故其对于训练过程中因身体碰撞而造成的损害应自行承担责任。学院的体育教师在于某受伤后对其进行了必要的救助，对于某未及时进行后续治疗不存在过错，无须承担侵权赔偿责任，但基于学院系于某拟参加之体育赛事的受益人，应承担一定的补偿责任。

这两个案件都涉及《民法典》侵权责任编确立的一个新规则——自甘风险。自甘风险又称自愿承受风险，是指受害人自愿承担可能性的损害而将自己置于危险环境和场合，造成损害的行为人不承担责任。

《民法典》第 1176 条规定：“自愿参加具有一定风险的文体活动，因其他参加者的行为受到损害的，受害人不得请求其他参加者承担侵权责任；但是，其他参加者对损害的发生有故意或者重大过失的除外。活动组织者的责任适用本法第一千一百九十八条至第一千二百零一条的规定。”

这就是被称为“自甘风险”条款的规定。根据《民法典》的规定，适用“自甘风险”的免责事由仅限于文体活动，且需要满足以下条件：(1)受害人从事的活动具有一定风险。(2)受害人明知此活动的风险但仍愿意参加。(3)受害人参加的活动具有合法性和利益性。(4)损害后果是由该项文体活动固有风险产生。(5)致害人仅有一般过失或轻微过失。

值得注意的是，《民法典》第 1176 条规定的自甘风险，规定了活动的其他参加者和活动组织者的不同责任。

对于活动的其他参加者，适用的是一般过失或轻微过失免责，如果有故意或重大过失则要承担责任。即其他参加者与受害人一起参加具有一定风险的文体活动时，因不可避免地发生肢体行为碰撞，或者因一般过失造成的损害，属于自甘风险范围，其他参加者可以免责。若其他参加者是基于故意或重大过失造成损害的，则超出了受害人自甘风险的范围，其他参加者应当承担侵权责任。

对具有一定风险的文体活动的组织者，则适用违反安全保障义务侵权责任和教育机构损害责任规则，并不是简单地免责。

第一，社会性的文体活动，组织者未尽到安全保障义务造成受害人损害的，应当承担侵权责任；组织者尽到安全保障义务的，承担相应的补充责任。承担责任后可以向第三人追偿。

第二，教育机构组织的文体活动，无民事行为能力人或限制民事行为能力人在幼儿园、学校或其他教育机构学习、生活期间受到人身损害，教育机构未尽教育管理职责的，适用过错推定原则或无过错责任原则，因第三人造成损害的，第三人承担侵权责任。第三人承担责任不足的，教育机构承担补充责任。

“自甘风险”原则规定了参加文体活动的减轻或免责事由，有利于鼓励人们参与具有一定危险性的活动，有助于社会主体开展更多的文体活动，保障人们参与体育运动等活动的自由。

在此，也要提醒文体活动的参加者和组织者，对于自己参加或组织的文体活动，对所可能产生的风险要有充分了解，并采取合理的保护措施，减少活动中的伤害。

搭顺风车遭遇车祸，车主要担责吗？

《民法典》实施后，法院调解了这样一个案件。江某开车免费搭载刘某等三名同事游玩。途中，江某驾驶的车偏离路线，造成翻车事故。除副驾驶一名同事幸免于难，江某、刘某和另外一名同事全部身亡。当地交警部门认定：江某在驾驶过程中存在超速行为，承担这起事故的全部责任。刘某家属向法院提起诉讼，要求江某家人承担死亡赔偿金等共计110万元。后经法官向双方释明《民法典》相关规定，经协商，江某家人支付了部分补偿，调解结案。

这个案件在网上被披露后，很多网友为江某抱不平，认为其助人为乐，背上巨额赔偿非常冤。

现实生活中，下班搭同事的顺风车回家，出门办事邻居开车捎一段路，这种“好意同乘”现象也比较普遍。这种行为不仅可以有效节约资源，实现资源利用最大化，一定程度上也能缓解交通拥堵，还能鼓励友善的人际交往。但是，万一发生交通事故，可能涉及赔偿，就容易引发纠纷。

央视也曾报道过这样一则消息，王某搭乘同村李某的车一起到怀柔区，返程途中发生意外。驾驶员李某受伤，王某不幸身亡。王某的家属将李某告上法庭，要求赔偿100万元。

好意带同事旅游或者顺道带一程亲朋好友，发生意外后，到底该不该赔偿呢？《民法典》对“好意同乘”相关情况作了明确规定。

《民法典》第 1217 条规定：“非营运机动车发生交通事故造成无偿搭乘人损害，属于该机动车一方责任的，应当减轻其赔偿责任，但是机动车使用人有故意或者重大过失的除外。”也就是说，“好意同乘”出事故造成搭乘人受损害，供乘人的责任性质为一般侵权责任；供乘人若没有故意或重大过失，应减轻供乘人的赔偿责任。

值得注意的是，“好意同乘”的相关规定，也是比较严格的。根据《民法典》的规定，“好意同乘”中的同乘人搭乘的是非营运性机动车辆。这意味着，非机动车不属于此范围；同时，这是一种无偿搭乘行为，同乘人的搭乘行为经好意人同意；未经同意而搭车者，不构成好意同乘。因此，要减轻相关赔偿责任，也应严格符合法律规定的条件。

现实生活中，酒店、大型超市为促进经营提供的免费班车，还有房产开发公司提供的免费看房车，有营利目的，不属于好意同乘的范围。如果这类车辆发生交通事故，造成乘客损害，不能适用好意同乘条款。

回到本文开头所提到的案件处理，可以帮助我们准确理解《民法典》关于“好意同乘”的规定。

（一）可以减轻江某责任

江某驾驶自家汽车，不以营利为目的搭载同事发生事故，江某与其同事之间构成好意同乘关系，而非客运合同关系，但是江某既然同意同事搭乘其所有的车辆，就应当负有善良注意及谨慎驾驶义务。刘某在江某负全部责任的交通事故中受伤，实际上已产生侵权法律关系，江某应当赔偿刘某的部分损失，不因刘某是无偿搭乘而完全免责。

（二）江某不承担全部赔偿责任

交警部门认定：江某在驾驶过程中存在超速行为，承担这起事故的全部责任。事故责任认定书中的“江某负全部责任”是针对交通事故的发生，江某具有完全过错，与此完全过错相对的是其对事故负全部责任，但这并非江某对其同事的损害也要负全部赔偿责任。

本案中，江某没有购买车上人员险，所以这些费用保险公司不承担，这也造成江某家属赔偿的压力。我国的交强险并不包含车上人员，若过分强调保护搭乘人的利益，提供搭乘的驾驶人对搭乘者承担无过错责任，对提供帮助的驾驶人科以重责，则影响生活中驾驶人的决策，抑制“好意同乘”行为的发生，有违社会的善良风俗和公平原则。

应该提醒的是，“好意同乘”作为一种好意施惠、助人为乐的行为，值得社会倡导。虽然《民法典》明确部分情况下应减轻供乘人的赔偿责任，但对于供乘人而言，始终要将遵守交通规则放在首位，对于搭乘人来说，也要有足够的安全意识，搭乘符合安全标准的车辆，尽可能做到谨慎注意。

被电动车撞伤，可以扣留对方的车吗？

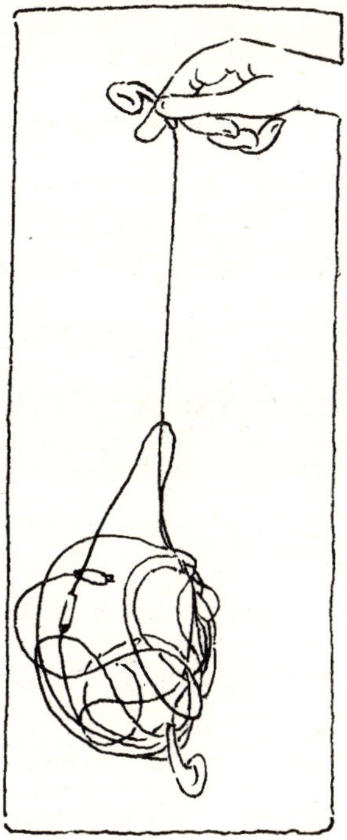

陈某在人行道上正常行走,被身后驶来的一辆电动车撞伤。对方准备逃走,被围观群众截住。大家查看了周围,没有发现摄像头。于是,有人建议陈某先将对方的车扣下,等事故处理完了再还。这个建议符合法律规定吗?

不久前,法院审理了这样一个案件。赵某下班回家,路上看到一位老人手提肩背几个大包,行走艰难,便主动上前帮忙。老人称从外地来购物,因找不到出租车,只能自行将购买的东西搬到车站托运。赵某帮老人把东西送到车站并办理了托运手续。老人坚持要请其吃饭,赵某同意了。饭吃到一半,老人说去上厕所,离开后便不见踪影。饭店要求赵某支付 418 元饭钱,赵某说自己被骗且身上只有 10 余元钱,既付不起,也不同意付。饭店保安将赵某拦住,不让其离开。同时,饭店向当地派出所报警,派出所接警后说,现在只有值班人员,不能离开,让当事人协商解决。一小时后,赵某通知家人前来,付清费用后,饭店放行。事后,赵某以饭店限制其人身自由为由,诉请法院责令其赔礼道歉、赔偿损失。对于这个案件,法院会支持赵某的诉讼请求吗?

我们先来看看《民法典》对于这种情况是怎么规定的。《民法典》第 1177 条规定:“合法权益受到侵害,情况紧迫且不能及时获得国家机关保护，不立即采取措施将使其合法权益受到难以弥补的损害的，受害人可以在保护自己合法权益的必要范围内采取扣留侵权人的财物等合理措施；但是，应当立即请求有关国家机关处理。受害人采取的措施不当造成他人损害的，应当承担侵权责任。”

这就是《民法典》规定的“自助行为制度”。根据这一规定，上述陈某被撞事件中，陈某可以先将对方的车扣下，但在扣车的同时，陈某应当立即打电话报警，请求交通管理部门处理。

而在赵某的案件中，法院判决饭店系自助行为，应免责。因为饭店的行为符合法律规定，构成“自助行为”。第一，饭店是为保护自身的合法权利，老人和赵某在饭店用餐后，与饭店形成服务合同关系，支付费用是消费者的根本义务。第二，当时，饭店已报案但因客观情况民警不能及时赶到，如果不采取必要措施，必然会导致饭店的自身权益无从实现或者难以实现。第三，饭店在迫不得已的情况下，将赵某拦住不让其离开，对赵某采取的措施是适度的。因此，法院以依法驳回赵某诉讼请求的方式，支持了饭店的自助行为。

说起自助行为制度，大家一定会想到另一个概念——正当防卫。其实,正当防卫和民事自助,一个是刑法领域的概念,一个是民法领域的概念。正当防卫在刑事诉讼过程中进行判断,主要适用于正在发生人身侵害的情况。民事自助,则是指民事权利尤其是物权遭受侵害时权利人依靠自己的力量来保护的制度。

从理论上讲,民事自助权利的行使可以有两种情形:一种情形是针对正在发生的损害,比如有人在饭店吃霸王餐,损害正在发生,如果权利人只报警不采取措施,警察到了、不给钱的人也走了,无法避免损害。另一种情形是,权利人在大街上发现了自己的被盗物品,如果等警方来处置的话,小偷很可能跑掉。在这两种情形下,权利人可以行使自力救助,因为权利遭受的损害具有不法性,法律应该许可权利人适当使用暴力保护自己的财产。

在《民法典》编纂过程中,人民群众对于能否扣押老赖的财产、扣留吃霸王餐顾客的财产等问题,以及自己采取措施保护权益反被他人起诉侵权的争议等问题高度关注。为回应这一实践关切,立法机关认为:自助行为制度即私力救济,是对国家机关保护即公力救济的有益补充,有利于更好地保护受害人的合法权益,具有合理性,是我国民事立法的新发展。《民法典》侵权责任编确立了“自助行为制度”。

自助行为制度的确立，赋予自助人在一定条件下的自我保护的权利，使其及时有效合理地保障自身的合法权益有了法律依据，同时在一定程度上减少国家机关的执法压力，促进社会的发展进步。但是，值得注意的是，“自助行为人”的行为是否构成“侵权行为”须由公权力机关介入，按照法律标准予以认定，各方行为的认定和处置须由公权力机关实施，以保障自助行为的合法性，防止该制度被滥用而造成侵权。

哪些损害可以索要精神损失费？

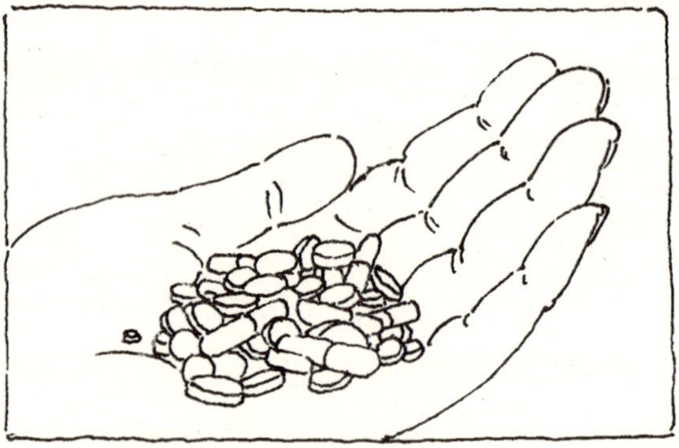

人生中一些重要时刻的美好回忆，对当事人具有极为特殊的情感价值，是不可替代的心灵慰藉。在人生不同阶段的各种仪式中，婚礼可谓“重中之重”。因此，许多“新人”会专门聘请婚庆公司，拍摄喜庆场景，留住幸福瞬间。但是，近年来，因婚礼录像丢失闹上法庭的事情却不少，法律上怎么处理这样的案件呢？

我们先来看一个案例。2020 年 7 月，白先生与某婚庆公司签订婚庆服务合同，约定由该公司为其提供婚礼策划、场地布置、摄影、摄像等服务。2020 年 12 月，白先生与王女士举行婚礼。当天，某婚庆公司对婚礼全过程进行了跟拍，白先生支付了全部服务费用。但是，10 天后，白先生按照合同约定要求某婚庆公司交付影像材料，某婚庆公司称因工作人员粗心大意将影像材料弄丢了。白先生向工商部门投诉，在工商部门的主持下，某婚庆公司退还了服务费用，但拒绝其他赔偿。白先生认为某婚庆公司的行为给其造成了巨大的精神伤害，遂诉至法院，要求其赔偿精神损失费 7000 元。某婚庆公司的法定代表人称，其已退还了服务费用，不应承担其他责任。

法院经审理认为，举办结婚典礼仪式是我国传统的婚俗习惯,婚礼的影像资料被赋予特别的情感价值,具有特殊的纪念意义和人格象征意义。本案中,某婚庆公司将婚礼影像丢失的行为,侵害了白先生的人格权,给其造成了较为严重的精神损害。故根据《民法典》第 1183 条规定,判决某婚庆公司赔偿原告白先生精神损失费 7000 元。

看到这个案例,有人会问:谁可以请求精神损失费,哪些损害可以请求精神损失费呢?对于这些问题,《民法典》都作出了回答。

在民法上,"精神损失费"又称精神损害赔偿。通常情况下,精神损害是侵权行为导致受害人心理和感情受到创伤和痛苦,这种对人心灵上的伤害,短时间内往往无法修复,只有通过金钱赔偿才能得到一些慰藉和弥补。《民法典》第 1183 条规定:"侵害自然人人身权益造成严重精神损害的,被侵权人有权请求精神损害赔偿。因故意或者重大过失侵害自然人具有人身意义的特定物造成严重精神损害的,被侵权人有权请求精神损害赔偿。"

第一,根据这一规定,仅有自然人能够要求精神损害赔偿,法人单位和社团组织无权要求。

第二,根据这一规定,精神是否受到伤害不是自己说了算,精神损失费也不是想要就能得到支持。索要精神损失费的前提必须是精神损害结果达到法律规定的严重程度并符合法定情形:一是人身权益或具有人身意义的特定物受到侵害;二是精神损害达到严重程度。

第三,可以索要精神损失费的情形包括如下几类:

一是个人人格权利受到非法侵害,可以索要精神损失费。具体包括:(1)生命权、健康权、身体权;(2)姓名权、肖像权、名誉权、荣誉权;(3)人格尊严权、人身自由权。违反社会公共利益、社会公德,侵害他人隐私或者其他人格利益。比如,受到他人言语上的侮辱、诽谤等严重情形。

二是非法使被监护人脱离监护,导致亲子关系或者近亲属间的亲属关系遭受严重损害,可以索要精神损失费。比如,孩子被偷导致父母与骨肉分离。

三是自然人死亡后,其近亲属因侵权行为遭受精神痛苦,可以索要精神损失费。具体包括:(1)以侮辱、诽谤、贬损、丑化或者违反社会公共利益、社会公德的其他方式,侵害死者姓名、肖像、名誉、荣誉;(2)非法披露、利用死者隐私,或者以违反社会公共利益、社会公德的其他方式侵害死者隐私;(3)非法利用、损害遗体、遗骨,或者以违反社会公共利益、社会公德的其他方式侵害遗体、遗骨。

四是具有人格象征意义的特定纪念物品,因侵权行为而永久性灭失或者毁损,可以索要精神损失费。比如与亲人唯一的照片、结婚录像、纪念品、祖传古董等。

另外,根据《民法典》婚姻家庭编的规定,因夫妻一方存在过错导致离婚的,无过错方可以向过错方索要精神损失费。比如,婚内男方家暴、男方发现孩子并非亲生。

《民法典》规定了哪些惩罚性赔偿？

大家应该还记得三鹿奶粉事件吧。2008年9月8日，在甘肃省定西市岷县，14名婴儿同时被检查出来患有肾结石疾病，这一情况顿时引起社会强烈反响，国家卫生和监督部门高度重视，展开了普查。至2008年9月11日，检查发现1名婴儿死亡、至少59名孩子肾功能不全，致病原因是这些婴儿均食用了含有三聚氰胺的三鹿奶粉。后来，国家卫生和监督部门对国内22家奶粉企业进行了严格的质检，这些奶粉企业的69个批次奶粉都含有三聚氰胺这种有毒化工原料。食用有毒奶粉的“大头娃娃”，敲响了食品领域的安全警钟。

为加强食品安全领域的监管，我国《食品安全法》率先规定了按照获利数十倍予以赔偿的惩罚性赔偿制度。这既是为了震慑食品生产或销售等领域的违法分子，也是为了建立一个安全的消费环境。与此同时，我国《消费者权益保护法》《旅游法》《商标法》《专利法》《著作权法》等法律，也规定了惩罚性赔偿制度。

《民法典》在编纂过程中，对惩罚性赔偿制度进行了系统的认可和总结，在侵权责任编以第1185、1207、1232条分别规定了对侵犯知识产权、产品责任、污染环境破坏生态的“惩罚性赔偿”。申言之，《民法典》规定了三类行为可以请求惩罚性赔偿。

1. 侵害知识产权的惩罚性赔偿：故意侵害他人知识产权，情节严重的，被侵权人有权请求相应的惩罚性赔偿。

2. 产品责任惩罚性赔偿：明知产品存在缺陷仍然生产、销售，或者没有依据规定采取有效补救措施，造成他人死亡或者健康严重损害的，被侵权人有权请求相应的惩罚性赔偿。

3. 环境污染、生态破坏侵权的惩罚性赔偿：侵权人违反法律规定故意污染环境、破坏生态造成严重后果的，被侵权人有权请求相应的惩罚性赔偿。

在法律上，惩罚性赔偿是一种特殊的民事责任形式，是指由人民法院根据被侵权人的请求所依法作出的赔偿数额超出实际损害数额的赔偿。惩罚性赔偿是一种加重赔偿，是在针对侵权人故意的侵权行为造成的损失进行弥补之外，对侵权人进行处罚以防止将来重犯，同时也达到惩戒他人的目的。

从《民法典》的相关规定不难看出，适用惩罚性赔偿的条件都是基于侵权人的故意，情节严重或者造成严重后果并由被侵权人提出。由此，可以看出惩罚性赔偿具有不同于一般民事责任的特殊性。

惩罚性赔偿是对侵权行为人的主观恶意的否定性评价。一般情况下，是否承担补偿民事责任，主要看侵权行为人的行为是否在客观上造成了一定的损害后果，至于行为人主观过错程度则相对次要。但是，是否需要承担惩罚性赔偿责任，基于对行为人的主观恶性程度的判断。《民法典》对于侵犯知识产权、产品责任以及污染环境、破坏生态，都使用了“故意、明知仍然”的表达，其重要内容是行为人主观过错程度，考察行为人实际造成的损害后果也在于评价其主观恶性程度。换句话说，惩罚性赔偿是由于侵权人的恶意行为所引起的，加害人存在主观故意是主张该责任的一个前提条件。

惩罚性赔偿是法律明确规定的一种民事责任形式，对哪些行为在什么情况下适用惩罚性赔偿都由法律明确规定。对于没有法律明确规定的行为，不能请求适用惩罚性赔偿。但值得注意的是，是否要求赔偿须由被侵权人或受害人自主决定，如果没有被侵权人的主张，不得启动惩罚性赔偿程序。

惩罚性赔偿是严厉性程度最高的一种民事责任形式。惩罚性赔偿金具有补偿和惩罚的功能，惩罚性赔偿除了包括体现传统民法上损害赔偿功能的“损害什么补偿什么，损害多少补偿多少”补偿性赔偿部分外，还包括体现惩罚性质的惩罚性赔偿部分，惩罚性赔偿是一种超过实际损失额而给予的赔偿。该责任的构成及赔偿金的标准确定，必须以能够遏制加害人对社会公共秩序的破坏为目的。

可见，惩罚性赔偿在宏观上具有惩罚、遏制行为人的功能。其目的在于让违法者付出昂贵的违法成本，付出远大于所获得的非法利益的代价，让其永远失去东山再起的机会，再也不敢或根本没有机会以身试法，从而实现社会治理的高效与有序。

网络侵权的“避风港原则”和“红旗原则”

人类进入网络社会,互联网在社会生活中的作用越来越不可替代。互联网技术的广泛运用,在极大地方便我们的工作和生活的同时,也引发了侵权更加容易、维权更加困难的问题,网络侵权保护受到社会的高度关注。《民法典》在编纂过程中,回应了人民群众加强网络侵权保护的呼声,在原《侵权责任法》基础上,整合了最高人民法院关于网络侵权的司法解释与《电子商务法》的相关条款,构建了我国网络侵权责任制度体系。其中,最重要的就是确立了网络侵权的“避风港原则”和“红旗原则”。

这两个原则,听起来有点陌生,我还是从一个真实的案例说起。

2006 年 7 月 11 日,华纳横店公司出具“著作权授权书”一份,授予新传在线(北京)公司在中国享有专有性使用电影作品《疯狂的石头》的信息网络传播权,授权期限为 3 年。上海全土豆网络科技公司是免费为用户提供信息存储空间的网络服务提供商,其注册用户将电影《疯狂的石头》上传至土豆网供公众在线播放。

为此,新传在线(北京)公司向上海市第一中级人民法院提起诉讼,认为土豆网未经许可且未支付报酬,擅自提供电影的在线播放,侵犯了自己的合法权利,要求停止侵权行为,并赔偿经济损失和合理费用。

被告上海全土豆网络科技公司则辩称,土豆网上所有的内容都是用户上传的,自己仅仅是网络存储空间的提供者。土豆网通过计算机按照特征码进行自动识别,一旦发现有盗版或者侵权就会予以删除。由于《疯狂的石头》没有特征码,权利人也没有发函通知,故自己并不知道该电影涉嫌侵权,不应承担赔偿责任。

上海市第一中级人民法院审理后认为,从电影拍摄所需倾注的人力和财力、涉案影片的热门程度等方面进行分析,被告作为专业网站理应知晓电影《疯狂的石头》一般不会是著作权人自行或许可他人在互联网上发布供公众无偿观看的。因此,在被告应当意识到网上的某个视频系网络用户擅自发布仍不做删除处理的情况下,可以认定其主观上具有纵容和帮助他人实施侵权的过错。而且从土豆网的后台设置上分析,被告有权利和能力去掌握和控制侵权活动的发生,然而,被告却怠于行使其应尽的审查和删除义务。据此,法院支持了原告的诉讼请求,认定土豆网侵权,判令上海全土豆网络科技公司承担损害赔偿责任。二审法院维持原判。

这个案例提出了一个非常重要的问题：上海全土豆网络科技公司对其经营的土豆网上出现用户上传的涉案侵权视频如何承担著作权侵权责任，既涉及著作权人的利益，也涉及互联网企业的利益，需要妥当处理。一方面，网络侵权必须以一定的网络平台为前提，如果没有土豆网提供网络存储空间和平台，用户无从上传涉案侵权作品——《疯狂的石头》。另一方面，基于网络技术的特殊性，也不能仅因为网站存储或出现了侵权作品，就认定提供了存储空间的网络服务提供者都承担侵权责任，否则，互联网产业无从发展。

正是为了平衡网络侵权中的不同利益关系，法律上建立了“避风港原则”和“红旗原则”。

“避风港原则”是指网络服务提供者只有在知道侵权行为或侵权内容的存在后才有义务采取措施，比如删除、屏蔽或者是断开链接等。若在明确知道侵权事实后，仍不及时采取相关措施，则需要承担责任。

“红旗原则”是指当侵权事实显而易见，像“红旗一样飘扬”时，网络服务提供者不能假装看不见，或者以不知道侵权为由推脱责任。即在按常理和应尽的基本审慎义务的情况下，网络服务提供者应当知道侵权行为的存在却不删除链接,即使权利人没有发出删除通知,网络服务提供者也应当承担侵权责任。

实际上,“红旗原则”是“避风港原则”的例外,或者说当符合一定条件时,网络公司不得以“不知道”“未接到通知”等为由,不履行对侵权作品的审查及删除链接义务。上述案件中,法院就是按照“红旗原则”作出了判决。

《民法典》第1194~1197条对网络侵权责任进行了规定,确立了“避风港原则”和“红旗原则”,规范了网络用户、网络平台服务提供者、权利人三方的行为,在一定程度上平衡了各方利益。

患者的知情同意权受法律保护

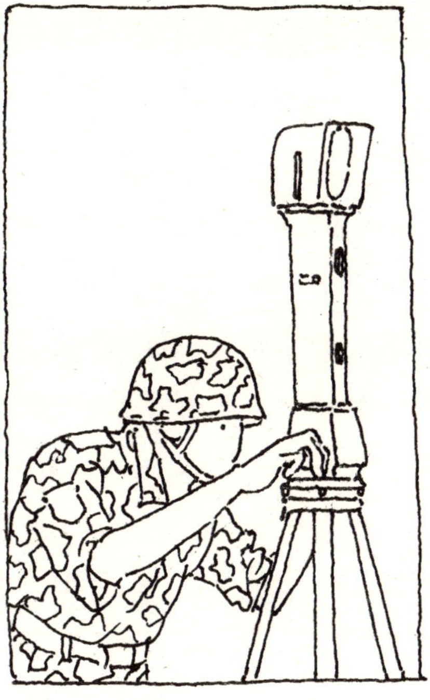

李某因交通事故受伤，到甲医院住院治疗 20 多天，住院期间先后做了股骨髓内针内固定术、左胫骨平台骨折切开复位内固定术、内侧副韧带修补术。治疗终结后，李某与肇事司机就赔偿问题产生纠纷，诉至法院。法院认定李某手术使用的交锁髓内钉 3.4 万余元、钛板钛钉 8 万余元属高价进口产品，并非不可替代，符合患者李某治疗标准的较便宜的交锁髓内钉、钛板钛钉的价格为 3 万元左右，中等标准的大概 4.5 万元，从保护受害者的利益及公平原则出发，对患者使用的植入器材按照中等价格标准保护，即 4.5 万元由肇事者进行赔偿，余款 7 万余元不予支持。

李某认为由于甲医院在治疗过程中未详细告知，造成其经济损失，将甲医院诉至法院。法院经审理查明，甲医院虽然提供了相关手术的知情同意书，但同意书无其他替代性医疗方案（其他可选植入性器材）的记载。本案中，患者使用的植入性器材总价 11 万余元，该项治疗方案属于可能造成患者较大经济负担的“特殊治疗”，医院应按照法律规定，向患者告知替代性方案。甲医院的同意书无产品价格信息，更未告知患者有任何的其他替代性方案可供其根据自身经济状况、受伤情况自由选择，违反法律规定，存在过错。法院判决甲医院赔偿患者在机动车交通事故纠纷中因植入的钛板、钛钉为高价进口产品而未能获赔偿的7万余元。

这是一个因医院未尽到说明义务，侵害了李某的知情同意权而承担赔偿责任的案例。在医患关系中，患者通常处于弱势地位，如果患者的知情同意权得不到保障，将会带来诸多问题。近年来，医患关系紧张、医疗纠纷频发，与患者知情同意权的保障不力有一定的关系。从立法的角度看，使患者在了解自己将面临的风险、可能取得的收益的基础上自由作出医疗选择，既是尊重患者人格权的体现，也是对医疗行为的约束，对于理顺医患关系、减少医疗纠纷具有积极作用。为此，《民法典》第1219条对医务人员的告知义务以及违反告知义务应当承担的法律责任作了明确规定。

患者的知情同意权包括知情和同意两个方面。患者的知情权是指患者在医疗机构接受诊断和治疗的过程中可以要求了解所有必要的相关信息的权利，包括对自己的病情、治疗方案、治疗风险、治疗预期所产生的后果，以及疗养中的注意事项等所有与其病情相关的事情。患者的知情与医务人员的告知义务相对应，只有医务人员进行充分地信息披露，患者才可能“知情”。

患者的同意，是在知情基础上的自主决策权。患者可以在充分知情的情况下，对自己的身体健康乃至生命享有处分权，从而对医务人员所采取的治疗方案有接受、拒绝或选择的权利，而医生必须对之予以尊重。

根据《民法典》和《基本医疗卫生与健康促进法》的规定，医务人员知情告知的对象顺序：首先是患者本人（须为18周岁以上能完全辨认自己行为的完全民事行为能力人）；其次，不能或者不宜向患者说明的，可以告知患者近亲属；最后，若因抢救生命垂危的患者等紧急情况不能取得患者或者其近亲属意见的，可经医疗机构负责人或者授权的负责人批准。

知情告知的内容，既包括一般内容的告知，如患者病情、诊疗方案、医疗风险、医疗费用等事项；也包括特殊内容的告知，如手术、特殊检查、特殊治疗的医疗风险、替代医疗方案等；还包括特别内容的告知，如开展药物、医疗器械临床试验和其他医学研究的医疗风险等。

知情告知的方式，包括通过口头、书面、录音录像、网络邮件、电话、短信、微信等能证明履行了告知义务的途径。但履行告知义务后，对法律规定的特殊告知事项、特别告知事项,必须获得患者或其家属的明确同意才能实施。如果医疗机构或医务人员不能充分、完整地履行告知义务并获得同意,就会面临承担侵权责任的不利后果。

值得注意的是,《民法典》第1226条还规定了医疗机构及其医务人员对患者的隐私和个人信息保密的义务。如果医疗机构及其医务人员泄露患者的隐私和个人信息,或者未经患者同意公开其病历资料,也要承担侵权责任。

《民法典》侵权责任编中的绿色条款

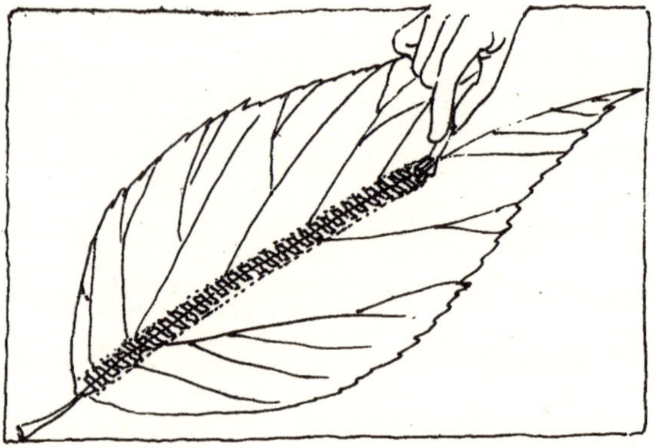

现代社会中,环境污染和生态破坏事件频发,尤其是环境污染事故和大规模生态破坏的损害后果十分严重,如何通过环境侵权责任立法保护生态环境,成为现代民法亟须解决的重大问题。

在中国,侵权责任法是回应环境问题最早的领域,1986年通过的《民法通则》第124条规定,"违反国家保护环境防止污染的规定,污染环境造成他人损害的,应当依法承担民事责任",建立了我国最早的环境侵权责任制度。

2009年通过的《侵权责任法》用第八章4个条文规定了"环境污染责任",其第65条规定:"因污染环境造成损害的,污染者应当承担侵权责任。"但是,环境问题不但可能因污染环境和破坏生态两种不同的行为产生,而且可能造成的损害后果也有环境污染和生态破坏两种不同的形式,因此,司法实践中出现了因破坏生态行为造成生态破坏后果的侵权行为无法根据侵权责任法合理裁判的情形。随着生态文明体制改革和绿色发展理念的建立,解决这个问题的需求十分迫切。

在《民法典》编纂过程中,如何回应人民群众对美好生活的新期待,将"美丽中国"和绿色发展的理念融入民事责任,是社会各方面高度关注的问题。我国《民法典》直面这一问题,首次把绿色原则规定为民法基本原则,并在侵权责任编第七章规定了环境污染和生态破坏责任,明确了生态修复的责任承担方式,同时规定了对污染环境、破坏生态行为的惩罚性赔偿,并确立了公益诉讼制度等,为维护生态环境、为人民群众创造良好生产生活环境提供了制度保障。该编总结了我国既有的立法和司法实践经验,并借鉴了域外法的成功做法,有效回应了时代发展所提出的问题。该编第七章虽然只规定了7条,但内容丰富,彰显了时代特色和实践特色,是我国《民法典》的一大亮点。

一是将章名由“环境污染责任”改为“环境污染和生态破坏责任”,扩大环境侵权原因行为的范围。该章不仅对环境污染造成他人损害的责任作出规定,而且对破坏生态造成他人损害以及生态环境损害的责任作出了细致的规定。

二是增加了新的内容。在原《侵权责任法》4个条文的基础上,以第1229～1235条7个条文规定“环境污染和生态破坏责任”。一方面,保留了原《侵权责任法》规定的举证责任倒置、共同侵权的责任分担、第三人过错不能免责(第1230、1231、1233条)等条款;另一方面,增加了环境污染惩罚性赔偿、生态破坏责任的规定。

《民法典》侵权责任编使得环境侵权责任理念、责任范围、责任方式、责任程度等方面均有“升级”。

《民法典》侵权责任编第1229条明确将污染环境和破坏生态都作为环境侵权的具体类型,扩大了环境侵权责任的规制类型与范围。这一规定,弥补了原《侵权责任法》只规定“环境污染侵权责任”而没有规定生态破坏的侵权责任的缺陷,而且将“生态破坏责任”界定为对生态功能损害依法承担的修复责任,使中国社会在传统环境污染承担责任的基础上,环境法治更为完善。

《民法典》侵权责任编第1232条增设环境侵权惩罚性赔偿规定,第1235条增设造成生态环境损害的侵权人赔偿损失和费用的规定,在民事责任以损害填补为指归的范围内极大加重了恶意违法者所实际承担的责任,在很大程度上提高了环境侵权的违法成本;同时也填补了生态环境破坏无具体法律责任承担方式的漏洞,让司法实践中判决生态环境修复不用再借道“恢复原状”。

《民法典》侵权责任编第1234、1235条增设生态环境损害赔偿请求权主体与赔偿范围的规定,解决了生态环境损害赔偿诉讼无法律依据的问题,为《民法典》与《环境保护法》有关公益诉讼制度、生态环境损害赔偿制度的衔接建立了“公法义务、私法操作”机制。

守护“头顶上的安全”

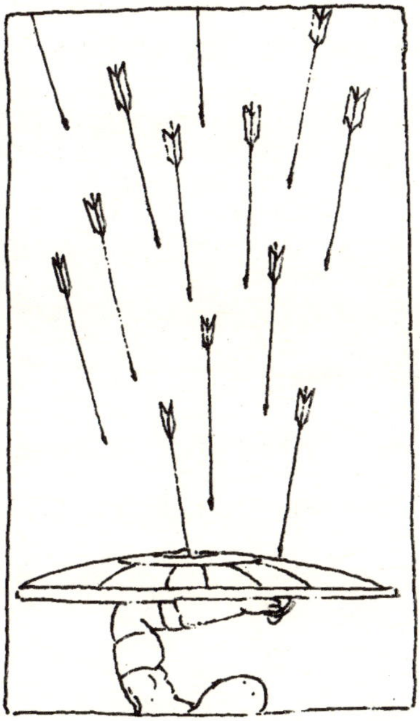

近年来，我们听到和看到许多有关高空抛物导致人身损害或财产损失的案件。

在广东，一女子背着小孩路过一栋红砖楼，楼上突然掉下一台铁制手推车，直接砸中该女子；一名 5 岁男孩和妈妈一起走在去幼儿园的路上，孩子被突然从天而降的玻璃窗砸倒；一男童捡起砖块从自家楼顶抛下，砸中一女子头部，该女子经抢救无效身亡。

在武汉，某小区居民早上去开车，发现自己停在划线停车位上的小轿车被楼上抛下来的东西砸中，车辆前盖严重变形、下陷，所幸无人员伤亡，但无人对此负责，物业也未排查到抛物者。

发生这些事件后，也有一些受害者通过提起诉讼的方式维护权益。在《民法典》之前，原《侵权责任法》第 87 条规定："从建筑物中抛掷物品或者从建筑物上坠落的物品造成他人损害，难以确定具体侵权人的，除能够证明自己不是侵权人的外，由可能加害的建筑物使用人给予补偿。"这一规定难以妥善解决实践中的相关问题。我们来看两个真实的案例。

2014 年 11 月 20 日 15 时许，出生 44 天的女婴小欣怡在武汉市汉阳世纪龙城小区11栋2号门栋楼下南侧晒太阳，被小区不明高空抛掷的水泥块砸伤。小欣怡受伤后即被送往医院进行救治，并被法医鉴定为七级残疾。事发后，小欣怡父母将小区涉案楼栋2楼及以上的128户居民诉上法庭，索赔各项经济损失46万元。法院经多方调查、审理，依法认定小欣怡医疗费、护理费、伤残赔偿金、精神损害抚慰金等经济损失39.5万余元。除原告自愿撤回对其中8户的起诉外，其他被起诉的120户中，有80户被认定需承担赔偿责任，共赔偿小欣怡36万余元。

2018年，王女士发现自己停在小区停车位上的车辆被高空坠落的花盆砸中，导致车辆前挡风玻璃破裂，在与物业及其邻近楼房业主沟通无果之后，王女士向当地派出所报警。因无人承认，警察也无法查到具体侵权人，车辆维修费用无人承担，王女士将该小区邻近车位的近50户楼房业主一同诉至法院。法院审理后，依据原《侵权责任法》第87条，判决本案由无法证明自己不是侵权人的10户住户共同补偿王女士车辆维修费用。

类似的判决还有很多。原《侵权责任法》的这一规定，虽然保护了受害者，但让所有不能证明自己不是侵权人的住户共同承担责任,有违公平,也不利于阻止高空抛物、高空坠物事件的发生。在《民法典》编纂过程中,各方面对此反映强烈。为此,《民法典》对高空抛物、高空坠物引起的法律纠纷作出了更进一步的规定,通过"组合拳"方式守护人民群众"头顶上的安全"。

《民法典》第1254条规定:"禁止从建筑物中抛掷物品。从建筑物中抛掷物品或者从建筑物上坠落的物品造成他人损害的,由侵权人依法承担侵权责任;经调查难以确定具体侵权人的,除能够证明自己不是侵权人的外,由可能加害的建筑物使用人给予补偿。可能加害的建筑物使用人补偿后,有权向侵权人追偿。物业服务企业等建筑物管理人应当采取必要的安全保障措施防止前款规定情形的发生;未采取必要的安全保障措施的,应当依法承担未履行安全保障义务的侵权责任。发生本条第一款规定的情形的,公安等机关应当依法及时调查,查清责任人。"

我们可以发现,《民法典》在原《侵权责任法》的基础上,增加了四个方面的新规定:一是明确规定禁止高空抛物行为;二是明确规定可能加害的建筑物使用人先行补偿,并可就该行为再向实际侵权人追偿;三是明确规定物业服务企业等建筑物管理人的管理义务，督促物业服务企业等建筑物管理人尽到安全保障义务；四是明确规定调查事实的责任在公安等机关，督促公安机关充分利用技术侦查手段，尽可能确定具体侵权人，最大限度地减少可能加害的建筑物使用人的范围。

总体来说，《民法典》对高空抛物、坠物治理规则作了进一步完善，对责任的承担有了更明确的划分。在此，也有两点提醒：

第一，每个人都应自觉提升社会公德，增强法治观念，拒绝高空抛物行为。高空抛物是《民法典》明确禁止的行为，若逾越这条红线，轻则民事赔偿，重则牢狱之灾。

第二，小区物业要依法履行治理职责。小区物业可以通过设置高空抛坠物警示牌、提醒牌，在不侵犯居民隐私的前提下安装能够捕捉高楼抛物和坠物的运动轨迹、能够指向具体楼层房间的摄像头，在可能发生抛物和坠物的楼宇低层安装防护网、遮挡装置等措施，有效防范高空抛物和坠物现象的发生。